단숨에 읽는 이야기철학 2
천재의 두뇌

단숨에 읽는 이야기철학 2
천재의 두뇌

초판 1쇄 인쇄 2017년 08월 05일
초판 1쇄 발행 2017년 08월 10일

지 은 이 야단
옮 긴 이 김정자
펴 낸 이 고정호
펴 낸 곳 베이직북스

주   소 서울시 마포구 양화로 156,1508호(동교동 LG팰리스)
전   화 02) 2678-0455
팩   스 02) 2678-0454
이 메 일 basicbooks1@hanmail.net
홈페이지 www.basicbooks.co.kr

출판등록 제 2007-000241호
I S B N 979-11-85160-57-3   43100

* 가격은 뒤표지에 있습니다.
* 잘못된 책이나 파본은 교환하여 드립니다.

처음
만나는
인문학

야민 지음 | 김경자 옮김

단숨에 읽는

이야기 철학

2
천재의
두뇌

베이직북스

차례

진리탐구자 소크라테스

여러분은 철학 하면 가장 먼저 어떤 생각이 떠오르나요? 너무 어렵다는 생각이 드나요, 아니면 호기심이 마구 생기나요?

철학이 너무나 심오해서 이해하기 어려운 학문이라는 생각은 큰 오해예요. 철학은 인간에 관한 여러 가지 문제들을 토론하는 학문이에요. 단지 추상적이고 집요하게 파고드는 학문의 특성 때문에 다소 막연한 느낌이 들 수는 있지요. 하지만 우리가 사는 세계나 자기 자신에 대해 호기심을 가진 사람이라면 철학에도 흥미를 느낄 수 있을 거예요.

고대 그리스 철학자 소크라테스는 "철학은 놀라움에서 시작한다."라고 말했어요.

놀라움이 없으면 의문이 안 생길 것이고, 의문이 없으면 정신적인 활동도 없을 거예요. 정신적인 활동이 없으면 철학적 사고를 하지 못할 것이고, 철학적 사고를 못하면 사고의 변화가 없을 거예요. 그리고 사고의 변화가 없으면 삶에도 변화가 없을 거예요.

고대 그리스 철학자 아리스토텔레스는 "인간은 이성적인 동물이다." 라고 했어요. 다른 동물과 달리 인간은 생각할 줄 안다는 뜻이에요. 돼

고대 그리스 철학자 아리스토텔레스는 "인간은 이성적인 동물이다."라고 했어요.

지는 먹고 자는 것밖에 몰라요. 하지만 인간은 먹고 자는 것 외에도 어떻게 가치 있는 삶을 살 수 있을지 늘 생각해요. 인간은 왜 그렇게 많은 것을 생각할까요? 살면서 불가사의하고 신기한 일을 겪을 때마다 분명한 대답을 찾고 싶기 때문이에요.

사실 놀라움과 의문은 늘 우리 곁에 존재해요. 세상은 이해하기 어렵고 의문스러운 일로 가득해요. 우리는 아침에 일어나자마자 집이나 학교에서 수많은 일을 겪게 되지요. 그중에는 좋아하는 일도 있을 것이고, 싫어하는 일도 있을 거예요. 우리가 꿈꾸던 일은 일어나지 않는데 생각지도 못했던 일들은 시도 때도 없이 일어나요.

한 번 생각해 볼까요? 어릴 때는 눈에 보이는 모든 것이 신기하기만 했어요. 귀여운 토끼의 귀를 만지면 어떤 느낌일지 궁금했고, 예쁜 꽃을 보면 그 향기를 맡아보고 싶었죠. 세상은 언제나 신기하고 궁금한 것들로 가득했어요. 그래서 부모님께 질문을 퍼붓곤 했었죠.

"사람은 왜 죽나요?" "사람은 죽고 나서 어디로 가나요?" "정말 귀신이 있어요?" "다른 행성에도 생명체가 있을까요?" "닭이 먼저예요, 달걀이 먼저예요?"

하지만 어른들은 언제나 귀찮아하며 대답해주지 않았어요.

어질 적에《십만 개의 궁금증 Hundred Thousand Whys》이란 책을 본 적이 있어요. 사실 살면서 '왜?'라고 묻고 싶은 일들은 십만 개보다 훨씬 많아서 셀 수 없을 정도예요. 저도 항상 궁금한 것 투성이였어요. 하나를 해결하면 또 다른 하나가 궁금해지는 일이 반복되었죠. 사람은 왜 즐거울 때보다 괴로울 때가 더 많은 걸까요? 그건 바로 궁금한 문제가 끊임없이 생겨나기 때문이에요. 우리는 '왜?'라는 질문을 던지고 그

소크라테스는 상식이란 믿을 만한 게 아니라고 주장했고, 모두가 확실하다고 생각하는 것에 의문을 제기했어요.

에 맞는 대답을 찾아내야 해요. 하지만 안타깝게도 나이가 들수록 어릴 적 가졌던 호기심은 점점 옅어져요. 어른들의 가르침은 호기심을 억누르고, 무거워진 삶의 스트레스는 꿈과 환상을 앗아가 버려요. 어릴 적 가졌던 호기심은 점점 옅어져요. 어른들의 가르침은 호기심을 억누르고, 무거워진 삶의 스트레스는 꿈과 환상을 앗아가 버려요. 어릴 적 가졌던 호기심과 의문들은 현실적인 답안과 정해진 공식으로 바뀌고 말죠.

그렇지만 인간의 호기심은 쉽게 사라지는 게 아닌가 봐요. 사람들이 의문에 대해 더 이상 생각하고 싶어 하지 않을 때조차도 일부 '사상가'들은 문제를 끝까지 탐구하고 연구하여 의문을 던지고 끊임없이 사고했어요. 그 때문에 사람들에게 배척당하고 큰 위험에 빠지게 되더라도 말이에요.

소크라테스는 삶에 대해 끊임없이 질문하고 탐구했던 대표적인 사상가예요. 못생긴 얼굴로도 유명했던 이 그리스 철학자는 온종일 생각하는 일에만 열중했어요. 그는 사람들과 토론하는 걸 좋아했어요. "아름다움이란 무엇인가?" "도덕이란 무엇인가?" "용기란 무엇인가?" "정의란 무엇인가?" 그는 모두가 확실하다고 생각하는 것들에 대해 의문을 제기하면서, 상식이란 믿을 만한 게 아니라고 주장했어요. 그리고 항상 자신이 다른 이들보다 똑똑하다고 생각하는 사람들을 보며 겸손하지 못하다고 여겼어요.

어느 날 소크라테스는 스스로 용기에 대해 잘 안다고 떠벌리고 다니던 라케스 장군을 찾아가 진정한 용기란 무엇인지에 대해 토론했어요.

소크라테스: 용기란 무엇이라고 생각하나요?

라 케 스: 그건 간단한 문제입니다. 돌격하는 적군 앞에서 진지를 지키며 도망가지 않는 군인이 있다면 그게 바로 용기 있는 행동입니다.

소크라테스: 하지만 도망가면서 싸우는 군인도 용감한 것 아닌가요? 용기는 여러 가지 행동으로 나타나는데 공통점이 뭐라고 생각하세요?

라 케 스: 저는 참는 것이라고 생각합니다.

소크라테스: 잠수를 잘 못하는 사람이 억지로 잠수를 하려고 한다면 용감하다고 할 수 있을까요?

라 케 스: 그건 어리석은 행동입니다. 아! 이제야 진정한 용기가 무엇인지 알았습니다.

라케스 장군은 소크라테스와의 대화를 끝내고 나서야 자신이 용기에 대해서 잘못 알고 있었음을 인정했어요. 이처럼 스스로 확실하다고 생각했지만 잘못 알고 있는 것이 아주 많아요. 곰곰이 생각해 보면 우리는 행복, 자유, 우정, 사랑, 선행, 공평 등에 대해서도 제대로 알지 못해요. 생각하면 할수록 더 복잡하고 이해아기 어려울 뿐이에요.

질문과 대답을 통해서 자신의 무지를 깨닫게 하고 사물의 본질을 이끌어냈던 방법이 바로 소크라테스의 '산파술'이에요. 여기서 '산파술'이란 이미 머릿속에 들어있지만 어디에 있는지 모르는 것을 끄집어낸다고 해서 붙여진 이름이에요. 지혜는 이처럼 문제를 사고하는 과정에서 힘겹게 얻을 수 있어요.

소크라테스의 질문은 사람들의 지혜를 키워줬을 뿐만 아니라 자기 내면의 소리에도 귀를 기울이게 했어요. 하지만 그의 방법을 많은 이들의 체면을 손상시켰고 그 때문에 권위 있는 자들의 미움을 샀어요. 철학적 사고에 자신의 모든 것을 바친 아테네인 소크라테스는 결국 젊은이들을 선동해 정신을 현혹한다는 죄목으로 사형을 선고받았어요.

그는 죽음에 직면했을 때 "지혜는 인간에게 가장 소중한 것이다. 지혜의 적은 스스로 옳다고 생각하는 무지에 있다. 지혜를 추구하는 것을 삶을 더욱 분명하게 하고 충실하게 만들기 위해서이다."라는 말을 남겼어요.

누구나 모든 물음에 대답할 수 있는 똑똑한 사람이 되었으면 좋겠다고 생각해요. 그렇다면 지혜는 어디에서 얻을 수 있을까요? 물론 '지혜의 나무'에서 열매를 따 먹기만 하면 똑똑해진다고 믿는 사람을 없어요. 사실 아주 오랜 옛날부터 사람들은 늙지 않고 오래 사는 불로장생의 비밀과 세상의 모든 지식을 담고 있다는 '비밀의 책'을 얻고 싶어 했어요. 《서유기》도 그런 책이에요. 불경을 구하기 위해 길을 떠난 삼장법사와 손오공 일행이 서역을 여행하며 겪는 신기한 이야기를 통해서 우리의 꿈과

철학은 과학과 예술 중간의 사유 활동이라고 할 수 있어요.
철학적 사유가 이성과 감성의 중간쯤에 있기 때문이죠.

환상을 생동감 있게 표현하고 있어요.

오늘날 우리는 지혜가 우리 머릿속에 있다는 사실을 알게 되었어요. 지혜는 우리가 끊임없이 사고하는 과정에서 얻을 수 있어요. 지혜는 과거부터 현재까지의 개인적이고 집단적인 경험이 집대성된 거예요. 지혜로운 사람이 생각하는 힘을 가질 수 있고, 비로소 다채롭고 풍부한 삶을 만들어 낼 수 있어요. 이들은 하늘을 생각하며 우주선을 만들었고, 바다를 생각하며 증기선을 만들었으며, 빨리 가고 싶다는 생각으로 자동차를 만들었어요.

생각하는 힘을 우리가 필요한 모든 것을 창조해 내며 철학은 바로 그런 생각에 대한 학문이에요. 철학의 본질은 지혜를 탐구하고 생각하는 데 있어요. 따라서 철학의 목적은 겉으로 보이는 것에 만족하지 않고 문제의 본이지 않는 내면까지 탐구하고 진리를 밝히는 데에 있어요. 철학은 아주 오래전부터 존재해 왔어요. 우리 선조는 위대한 사상가나 철학자를 '성현' 혹은 '지자'라 불렀고 지혜와 지식을 쌓은 사람들을 철학과 연관 지어 생각했어요.

그럼에도 철학은 여전히 너무 추상적이고, 철학자는 세상과 무관한 사람들처럼 보여요. 따라서 사람들은 철학을 동경하면서도 자신과는 관계없는 것이라 생각했어요. 사실 철학이 추상적인 것을 개별적인 문제가 아니라 보편적인 문제에 대해 생각하기 때문이에요. 우리가 먹고 사는 직접적이고 현실적인 문제에 비하면 우주의 근원과 삶의 의미에 대한 문제는 훨씬 추상적인 거죠.

철학자라고 하면 보통 세상을 등지고 혼자만의 공간에 틀어박혀 사는 사람을 떠올리게 되는데 그건 그들이 당장 먹고 사는 현실보다는 본질적인 문제와 이상적인 유토피아에 더 관심을 가졌기 때문이에요.

철학자라고 해서 평범한 사람들보다 특별한 두뇌를 가지고 있는 것을 아니에요. 단지 더욱 집중해서 생각하다 보니 기존의 정답에 만족하지 않고 끈질기게 탐구하는 성격을 가지게 된 것이죠. 그들의 머릿속 생각에만 흥미를 느낄 뿐 주변의 일에는 전혀 관심을 두지 않아요.

과학자와 비교해 보면 철학자의 머릿속은 뒤죽박죽 불가사의한 것들로 가득하며, 눈앞의 경험에 관심을 두지 않았어요. 예술가와 비교해 보면 철학자는 지나치게 이성적이고 낭만과 감성이 부족해요. 철학자의 머릿속에는 언제나 분석과 추리를 통해 문제의 답을 찾아야 한다는 생각이 가득 차 있어요. 철학은 과학과 예술 중간의 사유 활동이라고 말할 수 있어요. 철학적 사유가 이성과 감성 중간쯤에 있기 때문이죠.

그렇다면 우리는 왜 철학적 사유를 해야 하는 걸까요? 진리탐구를 좋아하는 사람이라면 이 책을 통해 생각하는 방법과 철학적 사유에 대해 배우게 될 거에요. 맛있는 음식은 배를 채워주고 아름다운 풍경은 눈을 즐겁게 해주며 신나는 음악은 우리를 행복하게 만들어요. 그리고 철학은 우리는 깨달음의 즐거움으로 인도해요.

인간의 두뇌

뇌의 가장 신기한 기능은 본래 없던 일을 있다고 생각하는 능력이에요. 인간은 두 다리를 가지고 태어나 걸어 다닐 수 있지만 자동차와 비행기를 만들어 이동수단으로 삼고 있으며, 우주 비행선까지도 만들었어요. 손오공이 공중제비 한 번으로 10만 8천 리(약43,000킬로미터)를 간다는 신화도 이미 현실이 되었어요. 모두 뇌의 상상력이 있기에 가능한 일이죠.

철학과 사상을 이야기하기에 앞서 인간의 두뇌에 대해서 이야기해 볼까요?

　인간의 두뇌는 연구할 만한 가치가 높은 특수한 정신영역으로 아직은 베일에 가려진 부분이 많아요. 뉴턴은 어떻게 만유인력의 법칙을 발견할 수 있었을까요? 그의 두뇌는 다른 사람과 어떻게 다를까요? 아인슈타인은 어떻게 상대성 이론을 생각해 냈을까요? 그는 다른 사람보다 더 똑똑했을까요? 이백은 술을 마시고 나서도 아름다운 시를 남겼는데 다른 사람들은 왜 그러지 못할까요? 모차르트는 어떻게 그토록 아름다운 선율을 만들어냈을까요?

　세상에 똑같은 사람은 없으며 같은 두뇌를 가진 사람도 없어요. 하지만 확실한 것은 머리를 많이 쓰는 사람의 두뇌는 더 발달되어 있다는 거예요. 남보다 뛰어나고 싶다면 새로운 사고를 많이 해야 해요. 철학

광활한 우주의 신비함과 그에 비해 한없이 작은 인간의 존재를 느끼면 더 탐구하고 싶은 충동이 일어요.

자가 괴팍하고 고집불통이라는 인상을 주는 이유는 아마도 그들의 두뇌가 수많은 문제로 가득 차 있기 때문일 거예요.

어두운 밤하늘이나 넓은 바다를 보고 있으면 많은 생각이 떠올라요. 광활한 우주의 신비함과 그에 비해 한없이 작은 인간의 존재를 느끼며 탐구하고 싶은 충동이 일어요.

무한한 우주를 창조한 건 누굴까요? 변화하는 세계를 주관하는 건 누구일까요? 세상의 시작은 언제였을까요? 인류 최초의 선조는 누구일까요? 현상은 항상 본질을 가지고 있을까요? 결과에는 반드시 원인이 있을까요? 변화하는 것에도 법칙이 존재할까요? 우리는 언제나 궁금해 하죠.

어릴 적 닭이 먼저냐, 달걀이 먼저냐는 문제로 어른들을 곤란하게 했던 적이 있을 거예요. 우리가 이런 질문을 할 때마다 어른들은 딴청을 피우며 제대로 된 답을 들려주지 않았어요.

세상은 왜 이렇게 생겼을까요? 사람은 어디서 왔을까요? 사람은 왜 태어나고 죽나요? 우리는 누구나 이런 종류의 궁금증을 가지고 있어요. 여러분이 이 세상에 살아있고 두뇌운동이 멈추지 않는 한 이런 궁금증은 계속 따라다닐 거예요. 그리고 이런 생각을 멈추지 않는다면 우리도 철학에 점점 다가설 수 있어요.

인생에 대한 궁금증을 풀고 가치 있는 삶을 살기 위해서는 철학을 알아야 해요. 사람들은 종종 이 세상에 철학이 왜 필요하냐고 물어요. 과학을 통해서 우리는 정확한 답을 알고 눈부신 성과를 얻을 수 있다고 생각하기 때문이에요. 하지만 세상의 근원과 인류의 존재 이유를 밝히기 위해서는 반드시 철학이 필요해요. 철학의 최대 목표는 우주의 존재

이유를 찾고 사물의 '궁극적인 원인'을 밝히는 거예요.

하지만 사람들은 철학이라고 하면 여전히 추상적 관념이나 치열한 토론을 생각해요. 철학책을 펼치기만 해도 머리가 지끈거린다며 어쩔 줄을 몰라 하죠. 철학자들은 각자 뚜렷한 자기주장을 하고 있어서 누구의 말을 들어야 할지 어리둥절해지기 십상이에요. 한편으론 그들의 뛰어난 지혜에 감탄하면서도 한편으론 난해하고 복잡한 주장을 하는 철학자들이 원망스러워지기도 해요.

철학은 왜 필요할까요? 출세하고 부자가 되는 비결을 가르쳐주거나 유용한 인생 지침을 알려주는 것도 아닌데 말이에요. 일상생활의 어려움을 해결하는 데도 철학은 아무런 도움이 되지 않아요. 그렇다면 수학이나 물리학처럼 실질적인 도움을 주는 것도 아니고, 경제학이나 금융학처럼 돈 버는 방법을 가르쳐 주는 것도 아닌 철학이 도대체 왜 필요한 걸까요?

철학은 인류 최초의 지식을 모두 담고 있으며 과학의 뿌리이자 모든 지식의 원천이에요. 그리고 원시 인류의 인식활동을 이끈 견인차이자 경험과학(empirical science, 경험되는 사실 일반을 대상으로 하는 과학)을 낳은 어미 닭 역할을 해왔어요. 과거 과학이 크게 발달하지 않았던 시대부터 철학은 세상을 탐구하고 인생의 의미를 밝히기 위해 노력해 왔어요.

우리가 풀지 못하는 수많은 궁금증은 철학의 탄생을 불러왔어요. 사람은 왜 그렇게 궁금한 게 많을까요? 왜 그렇게 정답과 이유를 찾아 헤매는 걸까요? 그건 바로 두뇌를 가지고 있기 때문이에요. 절대 인간의 두뇌를 얕보지 마세요. 두뇌는 정교하고 복잡하게 만들어진 생각하는 기계와 같아요. 다양한 기능도 갖추고 있지요. 아무리 최첨단 컴퓨터라 하더라도 인간의 두뇌를 따라오지 못해요. 인간의 두뇌는 무한대의 저장 능력을 갖추었다고 할 수 있어요. 게다가 인간의 두뇌는 문제를 탐구하고 끝까지 밝혀내는 습성을 가지고 있어요.

과학천재
아인슈타인

우리는 종종 어리석은 일을 저지른 사람을 '바보'라고 생각하죠. 하지만 사실 인간은 매우 영리해요. 예로부터 지금까지 인간이 이루지 못한 일은 없었어요. 단지 생각하지 못했을 뿐이에요. 인간은 살아가는 환경을 개선하기 위해서 많은 기술을 발명해 냈어요. 우주가 아무리 광활해도 달을 정복하고자 하는 인간의 장엄한 꿈을 막을 수 없었고, 우주가 아무리 심오해도 지식을 탐구하고자 하는 인간의 지적 욕구를 억누를 수는 없었어요. 오늘날 최첨단 우주선은 행성탐사를 통해 우주의 비밀에 다가섰으며 화성 탐측기는 화성에 생명체가 살고 있다는 증거를 찾아냈어요. 그리고 생물학과 유전자학의 눈부신 발전은 생명의 신비함을 한 꺼풀 벗겨내는 데 성공했어요.

오래전부터 우리의 선조는 지혜의 소중함을 깨달았어요. 하지만 지혜가 어디에서 나오는지 알지 못했기에 인류의 조상이 에덴동산에서

지혜의 열매를 따 먹었다는 이야기를 지어냈어요. 《성경》의 인간창조설은 종교에서 비롯되었지만 인간이 지혜를 추구하는 존재라는 내용만은 진실이에요. 우리의 선조는 노동을 통해 얻은 지혜로 새로운 문명을 창조했어요. 고대의 찬란했던 문화는 물론 현대의 과학문명도 인류의 지혜가 빚어낸 결과지요.

세상에는 감탄할 만한 창조물들이 수없이 많아요. 예를 들면 중국의 만리장성, 공자의 《논어》, 노자의 《도덕경》, 고대 그리스 로마의 신전, 플라톤과 아리스토텔레스의 철학 사상, 고대 이집트의 피라미드, 레오나르도 다빈치의 〈모나리자〉, 베토벤의 교향곡, 광활한 우주를 탐사하는 우주비행선, 나날이 발전하는 유전과학 기술, 빠르고 편리한 인터넷이나 영화와 텔레비전과 같은 영상기술도 있어요.

그렇다면 우리가 이야기하는 지혜란 도대체 무엇이며 어디에서 나온 걸까요? 이는 쉽게 얻을 수 있는 것이 아니에요. 지혜는 인간의 생각하는 힘을 뜻해요. 생각한다는 것은 두뇌를 사용해 귀납, 분석, 추론, 의심, 탐구, 상상을 한다는 의미예요. 두뇌를 사용할수록 놀라운 일들이 우리를 기다리고 있다는 사실을 알고 있나요? 우리는 항상 두뇌를 써서 문제를 생각해야 해요. 만약 두뇌를 쓰지 않는다면 문제에 대해 생각하지 않게 될 것이고, 우리의 삶은 고인 물과 같이 정체될 거예요. 지구에서 지혜를 이용하여 살아가는 동물은 인간밖에 없어요. 민첩함이나 인내력만 해도 인간은 동물보다 훨씬 뒤떨어져요. 하지만 인간의 두뇌는 다른 어떤 동물보다 뛰어나요. 인간은 지적 우월함으로 체력적 불리함을 극복하고 난폭한 동물들의 공격을 이겨냈어요.

우리는 명석한 사람들을 보고 "정말 똑똑하다!" "참 지혜로운 사람이야."라고 감탄하죠. 하지만 우둔하고 어리석은 사람들에게는 마음속으로 경멸의 시선을 보내요. 지혜는 우리가 일을 잘 처리하고 성공적으로 마무리 짓도록 도와줘요. 머리를 쓰지 않는 사람은 종종 실패의 쓴맛과 함께 엄청난 피해를 가져와요. 과거부터 인류는 지혜를 최고의 가치로 생각했으며 지혜로운 사람들을 존경해 왔어요. 《삼국지》에 등장하는 제갈량은 신출귀몰한 재주를 가지고 있어서 사람들의 칭송을 받았고, 고대 그리스 신화에 나오는 지혜의 여신 아테나(로마 신화에서는 아테네 또는 미네르바)는 도시와 문명의 수호신으로 불렸어요. 현대의 천재 물리학자 아인슈타인 역시 사람들의 존경을 한 몸에 받았어요.

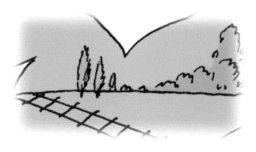

여러분은 위대한 과학자 아인슈타인의 사진이나 그림을 본 적이 있나요? 그는 한 번 보면 쉽게 잊을 수 없는 독특한 외모를 가졌어요. 폭탄을 맞은 듯 헝클어진 머리는 빗질할 시간조차 없었던 것처럼 보이고, 깊고 빛나는 눈동자는 마치 심오한 우주의 시공간을 보는 것 같지요. 그의 생각에 잠긴 표정을 보면 프랑스 조각가 로댕의 〈생각하는 사람〉이 연상돼요. 그중에서도 가장 두드러지는 것은 둥글고 큰 머리예요. 그의 큰 머리를 보고 있으면 그가 어떻게 놀랄만한 괴히직 성과를 이뤄냈는지 이해할 수 있을 것 같아요.

아인슈타인하면 가장 먼저 상대성이론이 떠올라요. 현대물리학의

운동 속도가 변함에 따라 시간의 속도도 달라지고 공간에는 굴곡과 변형이 생겨나요.
우리가 보는 모든 물체는 우리의 위치와 속도에 따라 달라져요.

기초인 상대성이론은 아인슈타인이 이뤄낸 위대한 업적
이에요.

그는 어릴 때부터 종종 '인간이 광속으로 날 수 있다면
세상은 어떻게 보일까?' 라는 독특한 생각을 했답니다. 대
학을 졸업한 후 스위스 특허청에서 일하면서도 광속에 대해서 쉬지 않
고 생각했어요. 태양의 중력장에 가까이 갈 수 있다면 중력장을 통과하
는 빛에 굴절이 일어나 공간의 굴절이 생기고, 광속으로 날아갈 수 있
다면 시간의 굴절이 일어나거나 정지할 것으로 생각했어요. 이런 광속
의 작용은 물체의 변형을 일으켜 전혀 새로운 시공간을 만들어내는데
이는 마치 《이상한 나라의 앨리스》에 등장하는 세계와 같아요.

아인슈타인의 상대성이론은 우주의 시공간이 상대적이라는 사실을
말해줘요. 운동 속도가 변함에 따라 시간의 속도도 달라지고 공간에는
굴곡과 변형이 생겨나요. 우리가 보는 모든 물체는 우리의 위치와 속도
에 따라 달라져요. 예를 들면 고속열차에 앉아 있을 때와 거리의 벤치
에 앉아 있을 때 우리가 느끼는 시공간이 전혀 다른 것처럼 말이에요.

아인슈타인이 발견한 질량과 에너지의 관계식 $E=mc^2$ 은 현대 원자
물리학의 발전을 가져왔을 뿐 아니라 원자시대의 시작을 알렸어요. 그
는 미국 루스벨트 대통령에게 나치 독일에 대응하기 위해 '원자탄 연
구' 를 진행해야 한다고 주장했어요. 하지만 일본의 히로시마와 나가사
키에 투하된 원자탄이 엄청난 피해를 가져오자 다시 동료 과학자들과
함께 원자탄 사용을 금지하자고 주장했어요.

위내한 과학자 아인슈타인은 인류문명의 역사에 영원히 기록될 거
예요. 아인슈타인이 그렇게 총명할 수 있었던 이유는 뭘까요? 그가 창

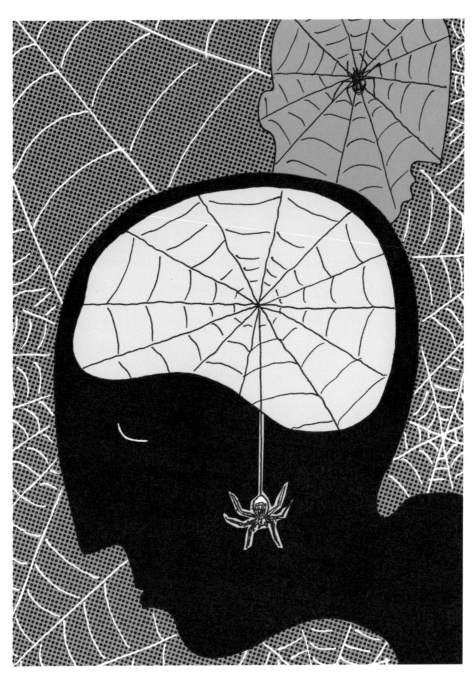

하지만 머리 쓰는 일을 좋아하지 않으면 머리를 잘 쓰지 못하게 되고 시간이 흐르면 아예 생각하지 못할 수도 있어요.

조한 이론은 어떻게 탄생한 걸까요? 그의 두뇌는 일반인의 것과 어떻게 다를까요?

'아인슈타인의 두뇌'는 과학적 연구대상이 되고 있어요. 많은 사람이 아인슈타인의 뛰어난 두뇌에 대해서 연구했어요. 독일의 심리학자 베르트하이머는 《생산적 사고 Productive thinking》라는 저서를 통해 아인슈타인이 발견한 상대성이론의 사고과정을 보여주었어요. 그는 아인슈타인의 천재성은 그의 '창조적 사고'에 있다고 여겼어요. 아인슈타인은 강렬한 호기심을 가지고 있었으며 풀리지 않는 문제에 대해서 끈질기게 탐구했고 기발한 발견을 이끌어 냈어요.

생각하기를 좋아했던 아인슈타인의 뇌는 매우 특이했어요. 그의 뇌는 자신의 능력을 최대한 발휘한 셈이에요. 사람들은 누구나 뇌를 가지고 있어요. 하지만 머리 쓰는 일을 좋아하지 않으면 머리를 잘 쓰지 못하게 되고 시간이 흐르면 아예 생각하지 못할 수도 있어요.

두뇌에 대한 지식을 조금만 가지고 있어도 천재란 만들어질 수 있다는 사실을 이해하게 돼요. 천재는 멀리 있는 듯하지만 사실은 우리 가까이에 있어요.

우리 머리 속에 자리 잡은 대뇌의 무게는 약 1.5킬로그램밖에 되지 않아요. 그리고 충분한 산소와 혈액만 있으면 정상적으로 움직이죠. 대뇌에 1분만 산소가 공급되지 않아도 사람은 혼수상태에 빠지고, 8분 동안 산소가 공급되지 않으면 사망에 이르게 돼요.

인간의 두뇌는 매우 복잡한 중추 신경

시스템으로 이루어져 있어요. 뇌는 오랜 생물진화 과정에서 형성된 인체의 신경기관이에요. 다른 기관의 성장과 비교해 보았을 때 뇌는 단연 뛰어나요. 이 특별히 뛰어난 신경기관은 인류에게 비범한 지혜를 가져다 줘요.

대뇌는 뇌 전체를 뜻하는 말이에요. 인간의 뇌는 대뇌피질과 뇌간, 대뇌 변연계로 이루어져 있고, 각각 서로 다른 기능을 담당해요.

대뇌피질은 대뇌에서 가장 중요한 부분으로 인간의 언어, 학습, 기억, 사고의 기능을 맡고 있어요. 그리고 2,000만 개의 리보핵산(RNA)을 가진 1,000억 개의 신경세포를 포함해요. 대뇌피질은 의식기능에 따라 좌우 양반구로 나뉘어요.

좌반구는 언어와 논리를 담당하고 우반구는 공간, 박자, 색채의 기능을 담당해요. 일반적으로 좌반구가 발달한 사람은 언어능력이 뛰어나고 우반구가 발달한 사람은 공간인식과 박자감이 다른 사람보다 뛰어나요.

뇌간(뇌에서, 대뇌 반구와 소뇌를 뺀 나머지 부분)은 시상과 시상하부로 이루어져 있어요. 뇌간은 척추동물에게 필요한 신경조직으로 음식, 교배, 호흡, 분비 등 선천적인 생물활동을 맡고 있어요.

대뇌 변연계(가장자리계)는 인간의 모든 감정을 담당해요. 남보다 감정이 풍부하고 지나치게 충동적인 사람은 바로 대뇌 변연계가 다른 사람보다 발달한 거예요.

인간의 대뇌에는 수조 개의 뇌 세포가 들어 있어요. 뇌 세포는 무수한 촉수가 튀어나와 서로 뒤엉켜서 복잡한 신경체계를 이루고 있어요. 그중 뇌 세포 시냅스(신경 세포의 신경 돌기 끝부분이 다른 신경 세포에 접합하는 부위)는 1 뒤에 28개의 0이 붙어 있는 숫자만큼 존재해요. 게다가 이로 인한 대뇌 세포의 배열조합은 1 뒤에 1,050만 킬로미터만큼의 0이 붙어요.

한 번 생각해 보세요. 정말 천문학적인 수치예요. 이렇게 많은 배열조합이 있어 인간은 무궁무진한 지혜를 얻을 수 있답니다. 그래서 무슨 일이든 하지 못할 게 없고 생각하지 못할 게 없어요.

인간의 두뇌는 피로를 모르는 정보 가공

뇌는 얼마나 많은 정보를 저장할 수 있을까요? 이는 과학이 발달한 지금까지도 밝혀지지 않고 있어요.

처리기계와 같아요. 우리 뇌는 눈, 귀, 코, 혀, 피부, 손가락 등 감각기관을 통해 수많은 정보를 수집해요.

'눈은 마음의 창' 이라는 말이 있어요. 인간의 모든 감각기관 중에서 눈은 가장 중요한 정보수집기관이에요. 세계를 생각하기 위해서는 먼저 세계를 관찰해야 해요. 우리는 눈을 뜨기만 해도 주변의 온갖 풍경과 다양한 사람들을 볼 수 있어요. 눈은 전자동 카메라 같이 쉬지 않고 주변의 모습을 기록해요. 하지만 눈은 쉬는 시간이 있어요. 우리가 자는 시간이 바로 눈이 쉬는 시간이죠. 귀는 쉬는 시간 없이 언제나 외부의 소리에 반응해요. 우리는 자명종의 알람소리를 듣고 제시간에 일어나고, 신나는 음악소리를 들으며 손과 발을 들썩거리죠. 우르릉 쾅쾅, 천둥소리는 비를 피할 장소를 찾게 하죠.

코 역시 감기에 걸리지 않는 이상 쉬지 않고 일을 해요. 비록 인간의 코가 개 코처럼 민감하진 않지만 외부의 정보를 수집하는 중요한 기능을 담당하거든요. 연구에 따르면 개의 후각능력은 인간의 백배나 된다고 해요. 코는 향기로운 물건을 가까이하고 악취 나는 물건을 멀리하게 하고, 냄새로 눈앞의 물건을 판단하도록 도와줘요.

정보 수집기인 뇌는 모든 정보를 무조건 수집하는 게 아니라 싫어하거나 흥미가 없는 정보를 배척하는 습성이 있어요.

인간의 뇌는 여러 감각기관을 통해 수집한 정보를 거대한 데이터베이스에 보관해요. 뇌는 얼마나 많은 정보를 저장할 수 있을까요? 이는 과학이 많이 발달한 지금까지도 밝혀지지 않고 있어요. 뇌의 저장 공간은 무한대에 가깝기 때문이에요.

얼마 전 미국에서 어릴 때부터 자폐증을 앓고 있다는 암기 천재가 있어서 화제가 됐어요. 그는 혼자서 옷을 갈아입거나 서랍을 여는 것조차 하지 못했지만 수만 권의 책을 한 글자도 빼놓지 않고 암기하는 재주를 가졌어요. 그가 암기하는 책은 천문, 지리에서 역사, 문학에 이르기까지 우리가 배우는 모든 분야를 포함하고 있어요. 그의 뇌는 한 번 본 정보는 절대 잊지 않는 비상한 능력이 있었어요.

외부의 정보를 수집하고 저장하는 기능은 뇌의 초보적인 기능에 불과해요. 뇌는 무질서하게 수집된 정보를 선별하고 분석해서 가공해요. 감각기관으로 수집된 정보는 정리되어 있지 않고 헝클어진 머리카락처럼 뒤죽박죽 어지럽게 섞여 있어요. 선별은 흥미로운 정보와 관심 없는 정보를 나누는 작업이고, 분석은 정보를 통해 경험과 교훈을 얻는 일이에요. 무질서와 혼란 속에서 질서와 규칙을 찾고, 제한된 틀 속에서 무제한을 찾아내며, 우연에서 필연의 법칙을 찾아내는 일은 사고하는 인간의 습성이에요.

뇌는 선별과 분석을 거쳐 그에 상응하는 행동을 하도록 명령해요. 학교에서 선생님의 강의가 재미있으면 정신을 집중해 듣지만 재미가 없으면 엎드려 자게 돼요. 친구들이 짠돌이라고 놀리면 대범하게 행동하게 되지 않나요? 계란을 많이 먹고 배가 아팠던 사람은 계란을 너무 많이 먹지 않도록 주의하게 돼요. 수영을 할 때 물을 많이 먹었던 사람은 입으로 호흡하는 방법을 깨닫게 되죠.

사실 뇌의 가장 신기한 기능은 본래 없던 일을 있다고 생각하는 능력이에요. 인간은 두 다리를 가지고 태어나 걸어 다닐 수 있지만 자동차와 비행기를 만들어 이동수단으로 삼고 있으며, 우주 비행선까지도 만들었어요. 손오공이 공중제비 한 번으로 10만 8천 리(약 43,000킬로미

티)를 간다는 신화도 이미 현실이 되었어요. 모두 뇌의 상상력이 있기에 가능한 일이죠. 동그란 물건이 빨리 굴러가는 모습을 보고 바퀴를 발명했고, 바퀴로 움직이는 달구지와 마차, 손수레, 자동차를 개발했어요. 그리고 하늘을 나는 새를 보고 다양한 모양의 비행기를 만들었어요.

컴퓨터와 인터넷의 출현은 뇌의 능력을 보여주었어요. 1997년 5월 미국 IBM 회사에서 출시한 슈퍼컴퓨터 '딥 블루'는 세계적인 체스챔피언 카스파로브와 인간 대 기계의 대결을 펼쳤어요. 승리는 세계 최고의 체스선수가 아닌 컴퓨터에 돌아갔죠. 세계를 뒤흔들었던 대결이 끝나자 사람들은 컴퓨터가 인간의 뇌를 대체하게 될까 봐 두려움에 떨게 됐어요. 하지만 아무리 뛰어난 컴퓨터라 할지라도 인간의 통제를 받아 운용되기 때문에 이는 괜한 걱정에 불과했어요.

생각해보세요. 아인슈타인의 뇌가 없었다면, 상대성이론을 발견하지 못했다면, 오늘날의 원자시대가 열릴 수 있었을까요? 오늘날의 우주시대가 올 수 있었을까요? 시대가 영웅을 만든다는 말은 반만 맞는 말이에요. 나머지 반은 영웅이 시대를 만든다는 말로 바뀌어야 해요. 사실 수많은 발명가의 노력과 인간의 뇌가 없었다면 과거 인류가 창조했던 문명도 존재하지 않았을 거예요.

투시력을 가진 손오공

손오공을 모르는 사람은 아마 없을 거예요. 원숭이의 왕 손오공은 항상 긴 여의봉을 들고 날카로운 눈빛으로 사람들을 노려봐요. 공중제비 한 번으로 10만 8천 리를 갈 수 있는 손오공은 억울한 사람들의 한을 풀어주기 위해서라면 요괴뿐만 아니라 옥황상제와의 싸움도 피하지 않아요.

《서유기》의 제천대성(하늘의 제왕, 위대한 성인이라는 뜻으로 옥황상제가 천방지축 날뛰는 손오공을 달래기 위해 내린 벼슬) 손오공은 크기가 마음대로 변하는 여의봉과 요괴의 정체를 간파할 수 있는 투시력, 사람의 몸속으로 들어갈 수 있는 변신술 등 신비한 재주를 가지고 있어요. 삼장법사의 주문과 여래불의 법력 이외에 손오공을 통제할 수 있는 것은 아무도 없지요.

삼장법사와 저팔계, 사오정은 뭐든 제멋대로 하려는 손오공의 성격 때문에 골머리를 앓으면서도 손오공과 절대 헤어지지 않아요. 서역으로 가는 도중에 만나게 되는 요괴를 물리치기 위해서는 그의 도움이 반드시 필요하기 때문이지요. 요괴의 목적은 삼장법사를 사로잡고 그의 인육을 먹는 거예요. 하지만 삼장법사는 머리띠를 조여 손오공에게 벌을 내리는 정도의 약한 법술만 부릴 줄 알았고, 저팔계나 사오정도 무공이 낮아 요괴의 변신술을 알아채지 못해요. 따라서 일행은 요괴의 정체와 속임수를 꿰뚫어 볼 수 있는 손오공에게 의지할 수밖에 없었어요.

손오공이 백골요괴를 물리친 이야기는 모두가 알고 있죠? 움직임을 알 수 없을 만큼 자유롭게 나타나고 사라지는 신출귀몰한 재주를 가진 백골요괴가 손오공이 자리를 비운 틈을 노려 아름다운 선녀와 불쌍해 보이는 노파로 변신해 삼장법사와 일행을 속이는 데 성공하지만 위급한 순간 투시력을 가진 손오공이 나타나 여의봉을 휘둘러 백골요괴에게 붙잡힌 삼장법사를 구출해 내지요.

우리는 어릴 적 《서유기》에 나오는 손오공의 이야기를 들으며 자랐어요. 그림책과 만화로도 제작되어 우리들의 눈길을 사로잡았죠. 익살맞은 표정으로 신출귀몰한 재주를 부리는 손오공이 한없이 부러웠던

위급한 순간 투시력을 가진 손오공이 나타나 여의봉을 휘둘러 백골요괴에게 붙잡힌 삼장법사를 구출해 내요.

기억도 있어요. 그 중에서도 저는 뭐니 뭐니 해도 무엇이든 꿰뚫어 보는 손오공의 투시력이 가장 인상 깊었어요. 그런 재주만 있으면 세상 부러울 게 없을 것 같았죠.

사실 손오공이 백골요괴를 무찔렀다는 식의 이야기는 셀 수 없이 많아요. 옛날 사람들은 왜 이런 이야기를 지어냈을까요? 왜 거짓말 같은 이야기를 진짜처럼 여기고 계승해 왔을까요? 생각해보세요. 벌거숭이로 살았던 원시인들은 우리가 세상에 처음 태어났을 때와 마찬가지로 눈에 보이는 모든 것에 감탄하고 놀라워했을 거예요.

하늘 위 세상은 가깝고도 멀었죠. 매일 새벽 동쪽에서 떠서 저녁마다 서쪽으로 지는 태양은 따뜻한 온도와 밝은 빛을 제공하고, 밤하늘의 달은 차고 기우는 과정을 통해서 변화의 의미를 말해주었죠. 무수한 별은 어두운 밤길을 밝혀주고, 갑자기 불어 닥치는 광풍과 천둥, 번개는 신의 존재를 일깨워줬어요.

지상 세계는 풍요롭고 스릴 넘치는 공간이었어요. 계절마다 다양한 식물이 자라나며, 지역마다 각양각색의 동물이 살아가고 있어요. 넓게 펼쳐진 바다는 어디가 끝인지 알 수 없었고, 겹겹이 둘러싼 산봉우리는 등산객의 앞길을 막아섰죠. 때때로 발생하는 홍수로 마을이 물에 잠기고 지진으로 땅이 꺼지면 사람들은 신이 진노했다고 생각하며 불안에 떨었어요.

원시인은 주변에서 발생하는 모든 일을 이해할 수 없었어요. 그들은 호기심이 강했고, 자주 감탄했으며, 두려움이 컸어요. 신이 배후에서 모든 것을 조종한다고 생각할 뿐이었죠. 그리고 상상력에 의지해 알 수 없는 세상을 이해하고자 했어요. 사람의 감정을 가졌으나 사람보다 큰 능력을 갖춘 신선이란 존재를 만들어 그들이 겪은 모든 일을 해석한 것이지요.

모든 민족은 그들만의 신화를 가지고 그들만의 신을 믿어요. 중국도 반고가 하늘을 열었다는 설과 여와가 하늘에 뚫린 구멍을 메웠다는 설화가 있어요. 일본에는 이자나기(남자)와 이자나미(여자)가 마법의 창으로 세상을 만들었다는 신화가 있어요.

중국은 혼돈 상태의 우주를 부화되지 않은 알이라고 봤어요. 인류의 시조 반고는 만 8천 년간 알 속에 있다가 도끼로 알을 반으로 쪼개고 세상에 나

원시인은 주변에서 발생하는 모든 일을 이해할 수 없었어요. 신이 배후에서 모든 것을 조정한다고 생각할 뿐이었죠.

왔어요. 알이 깨지자 가벼운 것들이 위로 올라가 하늘이 되고, 무거운 것들은 바닥으로 떨어져 땅이 되었어요. 그리고 쪼개진 알이 다시 붙을까 봐 두려웠던 반고는 하늘을 받치는 기둥이 되었어요. 그는 죽음에 임박해서도 자신의 사명을 잊지 않고 천지와 우주를 만드는 일에 최선을 다했어요. 호흡으로 바람과 구름을 만들고 목소리로 천둥을, 두 눈으로는 태양과 달을 만들었어요. 그리고 사지와 몸통으로는 산천과 협곡을, 피로는 강을, 근육으로는 밭을 만들었어요. 당시의 사람들은 하늘과 땅, 우주가 반고의 몸으로 만들어졌다고 생각했어요.

하지만 반고는 하늘과 땅, 우주를 창조했지만 안타깝게도 살아 숨 쉬는 생명은 만들지 못했어요. 이에 여와가 흙으로 사람을 빚어내자 세상은 온기와 활력으로 가득 찼고, 사람들은 여와의 보살핌으로 평화롭게 살아갈 수 있었어요. 그러던 어느 날 하늘에 구멍이 생겨 무너져 내리기 시작했고 도탄에 빠진 사람들은 고통에 시달렸어요. 이 모습을 차마 두고 볼 수 없었던 여와는 바위를 녹여 하늘의 구멍을 메워 위기에서 사람들을 구했어요. 여와가 하늘을 메워준 덕분에 사람들은 다시 평화를 되찾을 수 있었어요.

고대 그리스 신화에 '판도라의 상자'에 관한 이야기가 있어요. 하늘의 신 제우스는 프로메테우스가 인류에게 불을 준 것 때문에 화가 났어요. 그래서 최초의 미녀 판도라를 만들어 프로메테우스의 동생 에피메테우스에게 주었어요. 에피메테우스는 형의 경고를 듣지 않고 제우스의 선물을 받았지요. 형제는 아름다운 외모와 다재다능한 재주를 가진 판도라와 함께 생활하게 됐어요.

　어느 날 신들의 사자 헤르메스가 에피메테우스의 집에 상자 하나를 가져와서는 절대 열어보지 말라고 당부했어요. 그는 헤르메스의 당부대로 상자를 열어보지 않았어요. 판도라는 신비한 상자 속에 어떤 보물이 들어 있을지 궁금해 열어보고 싶었지만 에피메테우스가 상자를 열지 못하게 막는 바람에 화가 났어요.

　그러던 어느 날 에피메테우스가 집을 비운 사이 호기심을 참지 못한 판도라가 상자를 열어버렸어요. 상자 안에는 인류에게 재앙을 가져다줄 병마와 허영, 질투, 다툼, 원한의 마귀가 들어 있었는데 판도라가 상자를 여는 순간 한 번에 세상 밖으로 뛰쳐나가 버렸어요. 판도라가 황급히 뚜껑을 닫았지만 딱 한 가지 '희망' 만을 남겨 놓고 모두 빠져나간 상태였죠. 이 이야기는 인류가 비록 온갖 마귀에 시달리게 됐지만, 인류에게는 여전히 희망이 남아있다는 사실을 말해주고 있어요.

　《싱경》의 '장세기' 는 매우 유명해요. 세상에는 기독교 신자가 많이 퍼져 있으며 이들은 모두 《성경》을 공부해요. 기독교에서는 하나님이 만물을 창조했다고 생각해요. 《성경》에 보면 하나님은 첫째 날에 빛을

판도라는 호기심을 참지 못하고 상자를 열어버렸어요.

창조하시고 낮과 밤을 구분하셨어요. 둘째 날은 하늘과 땅을 창조하시고 땅을 육지와 바다로 나누셨어요. 셋째 날은 땅 위에 다양한 식물을 자라게 하셨어요. 넷째 날은 해와 달, 별을 창조하셨어요. 다섯째 날은 바다 생물과 하늘의 새를 창조하셨어요. 여섯째 날은 자신의 형상을 본떠 인류를 창조하시고 인간에게 가축과 동물을 관리하게 하셨어요. 그리고 일곱째 날 모든 일을 마치신 하나님은 휴식을 취하셨어요. 우리가 일요일을 휴일로 삼는 까닭도 바로 이 때문이에요.

기독교에서 하나님은 창조주이자 구세주예요. 비록 평범한 사람들의 눈에 보이지는 않지만 하나님은 전지전능한 능력을 갖춘 절대적인 존재에요. 모든 사물의 근원을 따져 거슬러 올라가다 보면 가장 마지막에 만나게 되는 존재가 바로 하나님이에요. 불완전한 세상에 사는 인간은 항상 완전한 것을 추구해요. 그리고 하나님이야말로 완전함의 결정체이죠. 현실의 모든 것은 일시적이고 제한적이지만 하나님은 영원하고 무한한 존재예요. 다시 말해 세상 모든 것은 하나님이 계획한 대로 진행되는 것이지요.

하지만 오늘날 어릴 적부터 과학교육을 받고 자란 세대들은 하나님이 세상을 창조했다는 이야기를 하나의 신화로 생각하는 경향이 있어요. 생물진화론은 이미 인간이 하나님이 아닌 생물진화의 과정을 거쳐 탄생한 존재라는 사실을 증명하고 있기 때문에 하나님을 인간의 필요에 따라 만들어낸 허구의 존재로 생각하는 것이지요.

신화는 상상력과 매우 밀접한 관계가 있으며 상상력은 인류가 진보할 수 있었던 원천이에요.
상상력이 없었다면 찬란한 문명도 이룩할 수 없었을 거예요.

사실 초기 인류의 사고방식과 우리의 어린 시절의 사고방식은 거의 비슷해요. 어릴 때는 눈에 보이는 모든 것에 호기심을 가졌으며 항상 '왜?'라는 질문을 달고 살았어요. 원시인은 어린이와 마찬가지로 매우 천진했어요. 그들은 세상의 좋은 일은 모두 신의 뜻이고 나쁜 일은 모두 마귀의 뜻이라고 생각했죠. 왜냐하면 당시 열악했던 생존환경에서 살아갈 수밖에 없었던 원시인은 수호신이 그들을 보호해 주길 바랐기 때문이에요. 그리고 만물이 항상 변하는 이유를 알지 못했기에 누군가 배후에서 조종한다고 여겼어요. 또한 사후세계에 대해 무지했기에 죽고 나면 하나님이 준비해 놓은 천국이나 지옥으로 간다고 생각했어요.

고대 신화는 매우 유치하고 비과학적이지만 인간의 사고방식을 제대로 반영하고 있어요. 신화는 상상력과 매우 밀접한 관계가 있으며 상상력은 인류가 진보할 수 있었던 원천이에요. 상상력이 없었다면 찬란한 문명도 이룩할 수 없었을 거예요. 사실 종교뿐만 아니라 과학예술 역시 상상력과 떼려야 뗄 수 없는 관계를 맺고 있어요.

상상력은 인간에게 엄청난 힘을 부여해주었어요. 인간은 풍부한 상상력으로 경험세계의 장애물을 뛰어넘고 미지의 세계를 탐구하며 영원한 자유와 행복을 추구할 수 있게 됐어요. 상상력으로 만들어진 신화는 인류가 철학에 한 걸음 더 다가갈 수 있는 발판을 마련해 주었어요.

탈레스와 물

손오공 이야기는 고대인의 상상력으로 탄생했어요. 선조들은 손오공을 통해 인간 세상의 모든 요괴를 물리치고 싶어 했지요. 우리는 신화를 통해 당시의 시대상과 사고방식을 살펴볼 수 있어요. 인류는 추상적인 개념으로 세상을 설명하게 되면서 철학에 한 걸음 더 다가서게 되었어요. 그렇다면 철학은 언제 출현했을까요? 인류 최초로 철학이론을 창시한 사람은 누구일까요?

역사문헌의 기록에 보면 철학사상은 약 기원전 500년에 처음 출현했는데 서양과 동양을 막론하고 위대한 사상가들이 대거 쏟아져 나왔다는 사실이 눈길을 끌어요. 중국에서는 공자, 맹자, 순자, 노자, 장자, 한비자가 등장했고, 서양에서는 탈레스, 헤라클레이토스, 파르메니데스, 소크라테스, 플라톤, 아리스토텔레스가 등장했어요. 이 사상가들의 이름을 한 번씩은 모두 들어봤을 거예요. 철학을 논할 때는 반드시 등장하는 이름들이죠. 이들이 남긴 사상은 지금까지도 엄청난 영향력을 끼치고 있어요. 오늘날 현대과학의 도전을 받고 있긴 하지만 여전히 강한 생명력을 유지하고 있어요.

고대 그리스 철학자 탈레스는 '철학의 아버지'라고 불려요. 이는 물론 시간순서상 먼저 등장한 까닭도 있지만 서양철학이론의 시초이기 때문에 붙여진 별명이에요. 사실 중국의 공자와 노자 역시 '철학의 아버지'라고 불려도 손색이 없어요. 그러나 예로부터 중국에는 '철학'이란 단어가 존재하지 않았어요. '철학'이란 단어는 고대 그리스인이 발명한 서양 개념이에요. 그러나 중국 고대 사상에 '철학'이란 이름이 붙여져 있지 않다고 해서 '철학'이 존재하지 않았던 것은 아니에요. 우주를 탐구하고 인생의 가치를 이해한다는 철학사상의 이론적 동기는 동서양 사상가 모두 같았어요.

철학사상이 기원전 500년경부터 생겨난 이유는 뭘까요? 당시에 출현한 사상가들을 보면 모두 같은 특징을 가지고 있어요. 그들은 모두 구체적인 경험과 사실을 통해 우주 만물의 기원과 변화를 이해하려고 했어요. 탈레스의 물과 헤라클레이토스의 불이 전형적인 예예요. 또한 추상적인 개념으로 현상세계와 본질세계의 차이를 이해하고자 했어요. 노자의 도(道)와 플라톤의 이데아가 대표적인 예예요. 이처럼 인류는 신이 세상 만물을 다스린다는 개념에서 벗어나 인류의 철학사상을 만들어 냈어요.

철학사상은 복잡하고 어지러운 현상세계를 꿰뚫고 내면의 본질을 발견하게 됐어요. 어떤 사람은 철학이 관심을 두는 것은 구체적인 사물

자체가 아니라 그 뒤에 숨어 있는 본질이라고 얘기해요. 온갖 사물과 현상이 들어 있는 우주는 무엇으로 지탱되고 있을까요? 끊임없이 변하는 불안정한 세계를 움직이는 힘은 무엇일까요? 철학은 인간들의 궁금증을 풀기 위해 궁극적인 힘을 찾아야 해요.

탈레스는 지혜로운 사상가로 알려졌어요. 고대 그리스 최대의 상업도시 밀레투스에서 살았던 탈레스는 수학과 천문학을 통해 우주의 본질을 탐구하는 일을 좋아했어요. 그러나 그는 기본적인 의식주 문제를 해결하지 않고는 철학이나 사상 따위를 집중적으로 생각할 여유가 없다는 사실을 몸소 체험했어요. 어느 날 별을 관찰하던 그는 이듬해에 올리브가 풍년이 들 거라고 예측하고는 미리 인근의 올리브 착유공장을 사들여 사람들에게 임대해서 큰돈을 벌었어요.

탈레스가 얻은 명성은 남들보다 뛰어난 지혜를 가지고 있었기 때문이에요. 탈레스는 기원전 585년 5월 28일에 있었던 일식(日食)을 정확히 계산해 내기도 했는데 후세 사람들은 그날을 철학탄생일로 삼자고 주장하기도 했어요.

탈레스는 하루하루 먹고사는 걱정을 하지 않아도 될 만큼 돈을 벌자 가벼운 마음으로 천문을 연구하고 철학문제를 탐구했어요. 그는 특히 하늘의 변화와 자연현상을 관찰하는 일을 매우 좋아했어요. 하루는 그가 하늘의 별을 관찰하는 데 집중한 나머지 발밑을 신경 쓰지 못하고 그만 우물로 빠져버린 일이 있었어요. 사람들은 비웃으며 말했어요.

"자기 발 아래도 제대로 살피지 못하는 사람이 어떻게 머리 위 하늘을 연구한단 말이오."

사실 철학자는 온 종일 사물의 본질만 생각하다 보니 일상생활의 작

탈레스는 하루하루 먹고사는 걱정을 하지 않아도 되자 가벼운 마음으로 천문을 연구하고 철학을 탐구했어요.

은 일들을 처리하는 데 다소 서투르고 둔한 편이에요. 그들은 눈앞에 있는 미인이나 아름다운 풍경들은 곧 사라지는 것이라 생각하고 변하지 않는 아름다움의 본질에 대해 탐구해요. 그리고 사람들이 아름답다고 말하는 별과 달, 산, 강이 품는 거대한 에너지와 남녀노소의 본질에 대해 탐구해요.

탈레스는 천문과 지리를 관찰하며 만물의 본질에 대해 생각했어요. 본질에 관한 문제는 우주의 근원이 무엇이냐는 문제와 연관되어 있어요. 철학자는 바로 이 문제에 대한 해답을 찾기 위해 태어났어요. 옛날 사람들은 세상 만물을 지탱하는 가장 보편적이면서 근본적인 무언가가 있다고 생각했어요. 그리고 이것이 바로 우주 만물이 존재할 수 있는 이유라고 여겼죠. 이것은 과연 무엇일까요?

탈레스는 이것을 물로 보고 '만물의 근원은 물'이라는 명제를 제시했어요. 이렇게 최초의 철학사상이 등장하게 됐어요. 사방이 바다로 둘러싸인 고대 그리스에서 이런 철학사상이 나왔다는 사실은 하나도 이상할 게 없어요.

고대 그리스인들은 바다의 거대한 에너지와 변화무쌍한 모습을 보며 물의 위대함과 중요성을 깨달았어요. 탈레스는 어디에나 존재하고 생명을 길러내는 물이야말로 만물의 근원이라 생각했어요. 우주는 물로 가득한 세계이고 땅이 물 위에 떠 있으며, 우주 만물이 물을 자양분으로 삼는다고 여겼어요. 그리고 세상 만물은 물의 기운을 가지고 있으며, 우주 만물의 탄생과 소멸을 포함한 모든 변화가 물의 운동으로 인한 것이라 생각했어요.

자연만물과 인간은 모두 물 없이는 존재할 수 없어요. 하지만 수도꼭지만 돌리면 물이 콸콸 쏟아지는 환경에 사는 우리는 물의 소중함을 모르고 살아요. 가뭄이 들어 물이 부족할 때에만 그 가치를 인정받아요.

물은 우주의 근원이자 생명의 원천이에요. 우리는 언제 어디서나 이를 느낄 수 있어요. 자연만물과 인간은 모두 물 없이는 존재할 수 없어

신의 존재로 우주의 모든 현상을 이해하는 것이 아니라 하나의 구체적인 존재물로 우주 만물의 존재와 변화를 해석할 수 있을 때 인류사상이 진보했다고 말할 수 있어요.

요. 하지만 수도꼭지만 돌리면 물이 콸콸 쏟아지는 환경에 사는 우리는 물의 소중함을 모르고 살아요. 가뭄이 들어 물이 부족할 때에나 그 가치를 새삼 깨닫는 정도지요. 우주 만물의 탄생은 물의 형성과 밀접한 관계가 있어요. 인류문명의 흥망성쇠 역시 물에 의해 결정되었어요. 과거 황금기를 누렸던 중국의 고대문명도시 누란고성도 물이 모두 고갈되어버리는 바람에 결국 모래 언덕 아래로 매장되고 말았죠.

사람들은 예부터 없어서는 안 될 필수자원이자 지구상의 모든 생명을 좌지우지하는 물을 숭배해 왔어요. 그리고 물을 통해 우주의 탄생과 변화에 관한 비밀을 밝히고자 했어요. 고대 중국에는 수룡왕에 관한 전설이 많았으며 기우제에 관한 다양한 전통의식도 많이 있었어요. 예부터 거대한 중국 대륙의 모든 생명을 먹여 살렸던 양쯔강과 황하는 중국의 젖줄로 여겨졌어요.

우리의 선조는 많은 경험 끝에 물의 소중함을 깨달았고 물이야말로 우주 만물의 근원이라 믿으며 숭상했어요. 하지만 여전히 물에 대해 감사하는 수준에 머물렀고 철학적 사고로까지는 발전하지 못했어요. 경험은 구체적이고 생동감 넘치지만 공통된 원리나 법칙을 만들어내는 힘은 부족했어요. 물을 우주의 근원이자 만물의 본질로 여길 수 있는 단계까지 이르렀을 때에야 비로소 철학이론이 성립돼요. 신의 존재로 우주의 모든 현상을 이해하는 것이 아니라 하나의 구체적인 존재물로 우주 만물의 존재와 변화를 해석할 수 있을 때 인류사상이 진보했다고 말할 수 있어요.

탈레스는 물을 형태를 초월한 가장 기본적인 물질원소로 봤어요. 하늘에 떠있는 별이나 땅 위의 수많은 생명 심지어 인간의 몸과 정신까지도 물로 구성되었다고 생각했어요. 그는 순수한 물질형태의 물을 만물의 근원이라 보고 우주 만물의 생성과 변화를 물질운동의 하나라고 여겼어요. 그런 의미에서 탈레스는 유물주의자(唯物主義者, 물질을 근본적인 실제로 생각하고 마음이나 정신을 부차적인 것으로 보는 철학자)에 속해요. 물론 매우 초보적인 유물주의자로 봐야겠지요.

당시 탈레스의 사고를 제약했던 요소가 두 가지 있었어요. 첫째, 추상적 사고능력이 부족했던 탈레스는 구체적인 물질인 물만이 우주 만물의 본질이라고 생각했다는 점이에요. 둘째, 신이 만물을 주재한다는 생각 때문에 물 역시 신의 힘으로 움직인다고 여겼다는 점이에요. 그는 물이 신의 의지를 대표하고 우주 만물을 주재한다고 생각했어요.

인류사상의 진보는 큰 진통을 겪고 나서야 이루어졌어요. 고대인들은 만물이 변화하는 이유를 신의 존재에서 찾았는데 탈레스 역시 마찬가지였어요. 하지만 고대 신화와 비교하면 그의 철학사상은 중요한 첫발을 디딘 셈이죠.

노자의 도

천도(天道, 하늘의 뜻), 세도(世道, 사회규범), 인도(人道, 생활규범)는 고대 한문에 자주 등장하는 단어예요. 옛날 사람들은 천도를 신성한 자연법칙과 동의어로 보고 천도를 따르는 것이 곧 자연을 따르는 것이라 여겼어요. 하늘의 뜻을 거스를 수 없는 것으로 여겼던 옛사람들의 사고방식은 자연을 경외하고 숭배하는 고대사회의 생활을 반영해요.

세도는 사회의 모습을 가리키는데 사회질서와 생활풍속을 뜻해요. 생활과 관련된 모든 현상은 세도라는 두 글자로 나타낼 수 있어요.

인도는 인간으로서 지켜야 하는 기본규칙 즉, 고대사회에서 요구했던 인륜과 예절을 의미해요. 임금과 신하, 아버지와 아들, 부부, 형제, 친구 사이에는 반드시 지켜야 힐 행농규범이 있어요. 인도는 바로 사람 사이의 기본적인 규칙을 가리켜요.

중국의 '도' 사상은 도가사상에서 기원하며 매우 깊은 뿌리를 가지고 있어요. 도가 사상을 이야기할 때 도가의 창시자 노자에 대한 이야기를 빼놓을 수 없어요. 노자는 공자와 함께 고대의 가장 뛰어난 사상가예요. 그는 《노자》로 불리는 저서 《도덕경》을 남겼어요. 이 책은 5천여 자로 지어졌지만, 한 자 한 자가 모두 심오한 철학사상을 담고 있어요. "도는 일을 낳고, 일은 이를 낳고, 이는 삼을 낳고, 삼은 만물을 낳는다." 이 한 마디에 노자의 사상이 모두 담겨 있어요.

노자는 공자, 맹자, 장자와 달리 이름도 분명하지 않은 비천한 출신이었어요. 전하는 말에 따르면 노자의 성은 이(李)이고 이름은 담(聃)으로 초나라(지금의 허난 성 남부)에서 태어났고 공자와 같은 시대를 살았지만 그보다 나이가 더 많았다고 해요. 노자의 출생이나 가정사에 관해서는 알려져 있는 것이 아무것도 없어요. 단지 장자처럼 도가의 대표적인 사상가들에게 도가 학파의 창시자이자 대선배라고 불렸다는 것과 후세의 조각 작품을 통해 두 귀를 늘어뜨린 자비롭고 인자한 모습의 노자를 볼 수 있을 뿐이에요.

노자의 《도덕경》은 도(道)편과 덕(德)편으로 나뉘며 전체적으로는 우주 만물과 세도의 변화규칙에 대해 이야기해요. 《도덕경》은 후세 사람들의 주석에 따라 그 해석이 달라요. 오늘날 노자의 신분과 함께 노자가 직접 《도덕경》을 집필했는가 하는 문제가 논란의 대상이 되고 있어요. 노자 생전의 사료는 매우 적은 편이라 노자와 동시대를 살았던 인물들의 흩어진 기록들을 모아서 추측할 뿐이에요. 어떤 사람은 《도덕경》이 후세인들이 집필한 것이라고 주장하기도 해요. 하지만 누가 뭐라고 해도 중요한 사실은 《도덕경》이 중국 고대부터 전해져 내려오는 경전이라는 점이에요.

노자의 철학사상은 수천 년 동안 중국인들의 사고방식에 영향을 크게 미쳤으며, 자연을 숭상하고 가깝게 여기는 중국문화에도 큰 영향을 미쳤어요. 중국전통문화는 '도'라는 한 글자로 모두 설명할 수 있을 정도니까요. 중국인들은 자연에 순종하면 복을 받고 자연을 거스르면 벌을 받는다고 여겼어요.

　　《현대한어사전 現代漢語辭典》에서는 '도'의 기본의미를 "도로, 도리, 도덕, 방향, 방법, 기술, 체계, 법칙, 말하다"로 정의하고 있어요. 가장 기본적인 의미에서 '도'는 우주 만물의 변화를 뜻해요. 물론 일상생활

에서 사용하는 '도'와 철학에서 말하는 '도'는 큰 차이가 있어요.

노자의 '도'는 경험세계에서 기원하면서도 경험세계를 초월하는 의미예요. 노자의 '도'는 매우 추상적이면서도 구체적인 의미를 포함하고 있어요. 즉 노자의 '도'는 형이상학적이고 모든 현상의 실체를 뜻해요. 노자는 신의 존재나 경험적 세계만으로는 우주 만물의 생성을 설명할 수 없다고 생각했으며 쇠, 나무, 물, 불, 흙으로 오묘한 우주를 설명하고 무형의 '도'를 발견했어요. 이런 의미에서 노자의 《도덕경》은 중국 철학의 문을 활짝 열었다고도 볼 수 있어요.

"도라고 할 수 있는 도는 영원한 도가 아니며, 이름 지을 수 있는 이름은 영원한 이름이 아니다."

《도덕경》 1편에 나오는 말이에요. 노자는 '도'를 강조하면서 언어로 표현하지 않았어요. 노자는 탈레스와 달리 눈에 보이는 구체적인 물질 현상으로 우주 만물의 본질을 설명하지 않았고 '도'라는 추상적인 개념을 사용했어요. 탈레스가 물이 우주 만물의 근원이라고 했을 때 이해할 수 있는 이유는 바로 물이 볼 수 있고 만질 수 있는 존재이기 때문이에요. 반대로 노자의 '도'는 구체적이거나 눈에 보이는 존재가 아니에요. '도'는 만물의 근원으로 태초부터 존재했으며 이름을 붙일 수 없는 존재예요. '도'라고 이름을 붙이면 '도'도 하나의 사물이 될 수 있을 거라 생각하지만, '도'는 사물이 아니라 사물의 본질이에요. '도'는 구체적인 사물의 형태를 가지고 있지 않으며 '무(無)'에 가까워요. 즉 형태도, 소리도, 이름도, 움직임도 없어요.

'물극필반'은 좋은 일이나 나쁜 일이 극에 달하면 반대로 바뀐다는 의미예요.

노자의 철학사상은 경험세계를 초월하며 찰나의 현상에서 영원한 존재를 찾고 시공을 뛰어넘는 규칙으로 우주 만물의 변화를 설명해요. '도'는 영원한 존재이며 시공을 초월하여 어디에나 있는 법칙이에요. 노자는 '도'에 대해 이렇게 말했어요.

"분화되지 않은 완전한 무엇, 하늘과 땅보다 먼저 있었다. 소리도 없고, 형체도 없고, 무엇에 의존하지도 않고, 변하지도 않고, 널리 가득 차 있어서 계속 움직이지만 없어질 위험이 없다. 가히 세상의 어머니라 할 수 있다."

'도'는 구체적인 형상이 없으며 어떤 고정적인 특징이 없어 상상만 하면 언제 어디에서나 존재할 수 있어요. 다시 말해 '도'는 천지의 아버지, 만물의 어머니예요. '도'는 우리 눈에는 보이지 않지만 충분히 느낄 수 있어요.

노자는 사관(史官)을 지냈는데, 고대의 사관은 천문을 관찰하고 길흉을 점쳐서 기록하는 일을 맡았어요. 따라서 노자는 천도, 세도, 인도를 자세히 관찰하게 됐어요. 사람은 태어나고, 늙고, 병들고, 죽으며, 달은 어두웠다가, 밝아지고, 차고, 기울듯이 세상의 모든 것은 끊임없이 변해요. 노자는 매일 같이 자연, 천문, 사회와 관련한 것들을 관찰했고 변화의 법칙에 대해 생각하면서 "물극필반(物極必反) 즉, 사물의 발전이 극에 달하면 반드시 반전한다."는 사실을 깨달았어요.

사실 도의 역할은 자연의 법칙과 일치하며 도의 원리는 자연의 원리와 같아요. 노자의 철학사상에서 도와 자연은 같은 의미예요. 노자가 "사람은 땅을 본받고, 땅은 하늘을 본받으며, 하늘은 도를 본받고 도는 '스스로 그러함'을 본받는다."라고 말한 것처럼 모든 것은 도와 자연으로 귀결돼요. 사람은 결국 자연법칙에 복종해야 하며 자연을 거스를 수 없어요. 자연을 따르는 길이 바로 인간이 안락한 삶으로 가는 길이에요.

　천도의 이치는 우주 만물의 변화 속에 숨어 있어요. 예를 들면 있고 없음, 강하고 약함, 굳셈과 부드러움, 화와 복, 흥하고 망함, 크고 작음, 많고 적음, 옳고 그름, 위와 아래가 있어요. "화(禍)라고 생각되는 데서 복(福)이 나오고 복이라고 생각되는 데 화가 숨어 있다."라는 말은 기쁨은 슬픔에서 나오고, 슬픔은 기쁨에서 나온다는 의미예요. 사물의 발전이 극에 달하면 반전한다는 이치와 같아요.

　비는 만물을 기르는 영양분이지만 홍수는 만물을 재앙으로 이끌어요. 음식은 생명을 키우지만, 폭식은 생명을 앗아가기도 해요. 돈은 삶을 풍족하게 해 주지만, 탐욕은 삶을 엉망으로 만들어요. 적당한 운동은 건강에 좋지만, 과도한 노동은 인간의 수명을 단축시켜요.

　이렇게 '물극필반'은 좋은 일이나 나쁜 일이 극에 달하면 반대로 바뀐다는 의미예요. 친구를 도와주기 위해 시작한 싸움이 다른 이의 생명을 앗아가는 결과를 가져왔다면 좋은 일이 나쁜 일로 바뀐 거예요. 반대로 다른 이의 충고를 듣지 않고 사기 고집만 부리던 사람이 성공을 했다면 나쁜 일이 좋은 일로 바뀐 거예요.

사치스럽고 호화로운 생활 속에서 쾌락을 추구하는 사람은 결국 많은 번뇌에 빠져요. 인생의 즐거움은 오히려 단순하고 소박한 데 있어요.

'도'가 무엇이냐고 묻는다면 사물이 반복해서 변하는 과정이라고 말할 수 있어요. 우주의 영원한 근본법칙인 '도'는 만물을 이해하기 위한 출발선이에요. 매 시각 우리 눈에 보이는 세계는 끊임없이 변하고 있으며 세상에 변하지 않는 것은 없어요. 꽃은 피고 지고, 바닷물은 밀려왔다가 빠져나가길 반복하며, 선비도 헤어진 지 삼일이면 눈을 비비고 다시 봐야 할 정도로 변한다고 했어요. 우리 주변의 사물뿐만 아니라 평소 우리가 알고 지내던 사람들도 모두 변해요. 모든 것은 변한다는 사실만이 영원히 변하지 않을 뿐이에요. 노자는 모든 것이 변한다는 법칙이 우주의 근본이라 여겼어요. 만물이 끊임없이 변하는 세상은 끝없이 광활한 세계예요.

노자의 '도'가 사회생활 속에서 나타나는 것이 바로 세도에요. 노자는 대동세계(大同世界, 이상세계)를 추구했는데, 그가 꿈꾸는 사회에 대해 이렇게 말했어요.

"음식을 달게 여기며 먹고, 옷을 아름답게 생각하며 입고, 거처를 편안하게 생각하며 살고, 풍속을 즐겨라."

사회생활에서의 다툼과 불만, 소란은 통치자의 잘못된 역할과 불안한 민심 탓이라 생각했어요. 안정적인 세도는 평화로운 사회분위기가 뒷받침돼야 가능해요.

노자는 "훌륭하다는 사람을 떠받들지 마라. 사람 사이에 다투는 일이 없어질 것이다. 귀중하다는 것을 귀히 여기지마라. 사람 사이에 훔치는 일이 없어질 것이다. 탐날 만한 것을 보지 말라. 사람의 마음이 산란해지지 않을 것이다. 그러므로 성인이 다스리게 되면 사람들로 마음은 비우고 배는 든든하게 하며, 뜻은 약하게 하고 뼈는 튼튼하게 한다.

사람들로 지식도 없애고 욕망도 없앤다."라는 말로 나라를 다스리는 이치를 이야기하고, 백성의 욕망과 지식을 키우는 일보다 만족하며 즐겁게 사는 방법을 강조했어요.

'도'가 물극필반이라는 변화의 이치를 이야기하고 있긴 하지만 모든 일에 있어서 '욕심을 부리지 않는다'는 말을 염두에 두어야 해요. 마음을 깨끗이 하고 욕심을 없애는 일은 도가 사상의 중심이자 노자가 강조하는 인도의 핵심이에요. 사람됨의 기본은 자연을 따르는 것이며 사물의 본성에 따라 행하는 거예요. 자만하지 않고, 욕심 부리지 않고, 분수에 넘치지 않는 것이 가장 중요해요. 사치스럽고 호화로운 생활 속에서 쾌락을 추구하는 사람은 결국 많은 번뇌에 빠져요. 인생의 즐거움은 오히려 단순하고 소박한 데 있어요.

노자는 균형과 절제를 가장 중요한 법칙으로 삼았어요. 천도, 세도, 인도는 추상적인 것이 아니라 일상 생활과 깊은 관련이 있으며 우주 만물의 운동법칙과 사회의 생활준칙도 모두 그에 포함된다고 믿었죠. 그리고 이를 정해져 있는 운명이라 여기고 순응해야 한다고 생각했어요. 이처럼 동양 철학은 숙명론적 입장을 취하고 있어요.

철학자의
원대한 포부

사람들이 서로 차이가 나는 이유는 선천적인 것(키가 크거나 얼굴이 예쁘거나 하는 등) 말고도 생각하는 능력에서 찾을 수 있어요. 같은 지역에 태어나 같은 학교에 다니고 같은 경험을 했는데 왜 어떤 사람은 성공하고 어떤 사람은 실패하는 걸까요? 바로 생각하는 능력의 차이 때문이에요.

처음 철학을 접한 사람들은 지금까지와는 전혀 다른 세계를 맛보게 될 거에요. 모든 철학자는 자신만의 독특한 사상을 가지고 있어요. 예로부터 지금까지 유물주의, 유심주의, 경험주의, 이성주의, 절대주의, 상대주의 사상이 유행했어요. 여기서 유물주의는 정신보다는 물질이 근원이라고 하는 철학적 입장인 반면에 유심주의는 우주만물을 구성하는 근본적인 실체는 정신적인 것이라고 하는 형이상학적 입장을 말해요. 또 경험주의는 직관이나 신념보다는 관찰과 경험에 기초해야 한다고 주장하지만 합리주의라고도 불리는 이성주의는 모든 가치나 사물을 판단할 때 본능이나 감각에 의존하지 않고 논리적으로 생각해야 한다고 주장해요. 그리고 상대주의는 경험과 문화 등 조건에 따라 가치 판단, 또는 진실의 기준이 달라지므로 모든 것이 상대적이라고 보는 입장이고, 절대주의는 그 반대개념이라고 할 수 있어요. 이처럼 같은 시대의 철학자라 할지라도 일치된 의견을 가지기는 어려워요. 우주와 인생에 대한 입장 또한 서로 달라요. 철학사상은 서로 다르며 각기 뚜렷한 특징을 가지고 있어요.

철학자가 무엇을 하는 사람인지 묻는다면 다양한 대답을 들을 수 있을 거예요. 세상에는 수많은 철학자가 존재해 왔고 앞으로도 그럴 거예요. 철학자에 대한 보편적인 정의는 존재하지 않아요. 수학에서는 더하기, 빼기, 곱하기, 나누기 같은 수학공식을 배워요. 하지만 모든 수학자는 같은 공식을 사용하기 때문에 처음 공식을 발명한 사람이 누구인지 궁금해 하지 않아요. 철학에서는 철학책을 읽을 때마다 각기 다른 철학사상을 배울 수 있어요.

철학은 수학이나 물리공식처럼 정해져 있지 않아요. 철학은 '2 + 2 = 4' 처럼 보편적인 공식이 없으며 서로 다른 견해와 문제를 가지고 있어요. 철학자의 매력을 느끼기 위해서는 철학사상을 제대로 이해해야 해요. 각 시대 철학자와 대화를 나누고 그들의 저서를 읽으며 사상을 이해하는 과정은 사고의 폭을 크게 넓혀 줄 거예요. 철학을 공부하기 위해서는 철학자가 무엇을 하는 사람인지를 알아야 해요.

철학자라고 하면 가장 먼저 무엇이 떠오르나요? 대부분 철학자는 건방지거나 사람을 경멸하는 것처럼 보여요. 철학자는 돈이나 재물에 관심이 없으며 매우 청렴해요. 그리고 종종 다른 사람의 사상을 비판하는 일을 좋아하며 항상 자신이 옳다고 생각해요. 따라서 철학자는 세상 사람들에게 그다지 환영받는 편이 아니에요.

철학자는 생각하는 일로 생계를 유지해요. 돈을 벌기 위해서는 사람들이 좋아할 만한 생각을 해야 해요. 그러나 철학자의 생각은 대부분 너무 심오해서 이해하기가 어려워요. 특히 자신의 주장을 쉽게 포기하지 않는 사람들을 설득하기란 쉽지 않아요. 철학자의 말을 듣고 감동받았다는 말은 들어보지 못했으니까요. 철학자는 생전에 크게 환영받지 못할 뿐만 아니라 가난하고 고독한 삶을 살아요. 이처럼 생각하는 일만으로 생계를 유지하기란 매우 어려운 일이랍니다.

사실 대부분의 철학자들이 겪는 가난과 시련은 그들의 사상과 현실의 격차가 크고 일반 사람들의 생활과 너무 동떨어져 있기 때문이에요. 철학자는 자신만의 세계에서 우주의 근원이나 인생에 관해 생각했고, 눈앞의 사물보다는 사물의 본질을 추구했어요. 철학자는 하늘보다 더 크고 넓은 마음을 가졌어요.

공자의
인의도덕

동양은 물론이고 세계적으로도 공자(BC 551~BC 479)의 이름을 들어보지 못한 사람은 아마 없을 거예요. 공자는 2,500여년 전 사람으로 중국 최초의 스승이며 죽을 때까지 스승으로 살았어요. 그는 춘추전국(春秋戰國) 시대의 위대한 사상가이자 유교학설의 창시자로 '성현선사(聖賢先師)'로 추앙받는 중국 전통문화의 상징이에요. 그의 제사를 모시기 위해 세계각지에 세워진 공자묘도 2,800개에 달해요. 우리가 흔히 사용하는 '인의(仁義)', '중용(中庸)', '예절', '효도', '수양' 등 역시 공자사상에서 나왔어요.

공자가 집필한 《논어 論語》를 읽어본 사람은 많지 않을지라도 그의 명언을 들어본 사람은 많아요. 예를 들면 "학이시습지(學而時習之, 배운 것을 때때로 익힌다.)", "온고이지신(溫故而知新, 옛것에 익숙하면서 새것을 익히다.)", "지지위지지, 부지위부지(知之爲知之, 不知爲不知, 아는 것은 안다고 하고 모르는 것은 모른다고 한다.)", "삼인행필유아사(三人行必有我師, 세 명이 같이 걸어가면 반드시 나의 스승이 있다.)" 등이 있어요. 이처럼 공자는 짧은 몇 마디만으로도 사람들에게 진리의 깨달음을 주었어요. 예로부터 사람들은 공자의 사상에서 많은 가르침을 얻었어요. 그는 일반 백성과 통치 계급, 중국인과 외국인을 막론하고 존경을 한 몸에 받았어요.

공자는 후세에 《논어》(고대에는 《논어》의 절반만 읽어도 천하를 통치할 수 있다고 믿었어요)를 수많은 사람이 읽고, 자신이 이렇게 엄청난 명성을 쌓게 되리라고는 꿈에도 상상하지 못했을 거예요. 비록 '공자 타도'를 외치며 그의 사상을 배척하는 사람들이 일부 있긴 하지만 공자를 섬기는 전통은 여전히 대를 이어오고 있어요. 현재 그의 유교사상은 최고의 가치로 인정받고 있어요. 세상에 죽은 뒤 이처럼 후한 대우를 받을 수 있는 사람은 별로 없을 거예요.

천재 철학자들은 죽고 나서 수많은 사람의 추앙과 존경을 한 몸에 받지만 생전에는 매우 고독한 삶을 살았어요. 공노이(孔老二, '공씨네 둘째 아들'이란 뜻으로 공자를 폄하해서 부르는 말)의 운명 역시 그러했어요. 그는 혼란한 시대에 수많은 나라들을 떠돌아다니며 군주들에게 나라를 다스리는 법도와 이치를 설파했지만 아무도 귀를 기울이지 않았고 갖은 냉대와 고초를 겪었어요. 그때 다행히 제자들이 학교를 세워 공자를 스승으로 모셔왔어요. 공자는 학교에서 현자 70여 명과 토론한 끝에 그들의 공감을 얻어냈어요.

공씨 가문은 원래 송나라의 몰락한 귀족이었는데 훗날 전란을 피해 노나라로 이주했어요. 공자는 지금의 산둥성 취푸 지역에서 태어났어요. 세 살 때 아버지가 죽자 어머니는 공자를 할머니에게 보냈는데 평

하급 관리가 된 공자는 창고관리와 소와 양을 돌보는 일을 맡았어요. 하지만 그는 공부를 게을리 하지 않고 국가 대업에 몰두했어요.

생 가난을 벗어나지 못했어요. 열일곱 살 때 어머니를 여읜 공자는 공부해서 관리가 되어 사회의 중임을 맡겠다는 확고한 인생목표를 세웠어요.

열악한 가정환경에서 자란 공자는 그때까지만 해도 평범한 사람들과 같은 사고방식을 갖고 있었어요. 그가 어릴 때는 가난한 가정환경 때문에 골치 아픈 일을 생각할 겨를이 없었어요. 나중에 하급 관리가 된 공자는 창고관리와 소와 양을 돌보는 일을 맡았어요. 하지만 그는 공부를 게을리 하지 않고 국가 대업에 몰두했어요.

중국은 인구가 많아서 그로 인한 문제도 많이 발생했고, 식량문제 이외에도 사람들이 부대끼며 살아가는 와중에 일어나는 번거로운 일들이 아주 많았어요. 따라서 중국 고대철학자는 서양 철학자들과 달리 순수학문보다는 실용학문에 더 관심이 많았어요. 고대 그리스 인들도 덕행(德行)에 대해 많은 토론을 했지만 순수한 형이상학 문제에 더 관심을 뒀어요. 중국 고대 사상가들은 우주의 근본문제에 대해 사고하면서도 종종 우주와 인간사회 문제를 섞어서 이야기했어요.

어린 시절 노나라에서 자란 공자는 노나라 예악 문화의 영향을 받아

예절과 사회질서, 생활규범을 중시했어요. 주나라 왕실을 떠받들었던 노나라는 예의를 중요하게 여겼어요. 우리가 지금까지 지키는 예법도 노나라에서 기원해요. 당시 노나라는 사람들 간의 규범을 중시하여 시(詩), 서(書), 예, 악의 제도를 시행했어요. 예를 들면 옷을 입을 때에도 규범이 있었는데 장소에 따라 형식에 맞는 옷을 입어야 했어요. 일상생활에서는 평상복을, 장례를 치를 때에는 상복을, 제사를 지낼 때에는 제복(祭服)을 입어야 했으며, 복식에 따라 표정도 달리해야 했어요.

옛날 사람들은 "예가 아니면 보지를 말며, 예가 아니거든 듣지도 말며, 예가 아니면 말하지 말고, 예가 아니면 하지도 말라."라는 규칙과 사회 질서를 소중히 생각했지만 공자가 살던 시대에 예와 악은 이미 붕괴되었어요. 제후들은 침략 전쟁을 일삼았고, 생활터전은 파괴되어 전쟁터로 변했어요. 신하가 임금을 시해하고, 자식이 아비를 해치고, 아우가 형을 살해하는 비극이 발생했고 최소한의 사회규범과 윤리까지 무너졌어요. 공자는 질서가 붕괴되는 모습을 지켜보며 "내 이것을 참을 수 있다면 무엇인들 못 참으리오!"라고 탄식하고는 일생을 제자들과 함께 사회질서 복구를 위해 힘썼어요.

사람과 사람 사이에는 질서가 있으며, 가정과 국가에도 나름대로 지켜야 할 질서가 있어요. "수신제가치국평천하(修身齊家治國平天下)"는 개인이 자신의 언행을 다스리고, 가정에서 장유유서의 질서를 지키며,

나라가 엄격한 예악 제도를 따를 때에야 비로소 천하를 평화롭게 할 수 있다는 뜻이에요. 이를 위해 공자는 유가학설을 세웠어요.

공자는 '인의'를 강조했어요. '인'은 '사람을 사랑하라'는 의미이고 '의'는 사람으로서의 도덕규범을 뜻해요. 그럼 어떻게 사람을 사랑해야 하는 걸까요? 세상의 모든 부모는 자애로운 마음으로 자식을 사랑하며 자식들은 경애하는 마음으로 부모를 사랑해요. '의'와 '이(利)'는 종종 서로 충돌해요. '의'는 '군자'의 이미지와 어울리며 도덕규범을 의미해요. '이'는 '소인'의 이미지에 맞으며 도덕규범과는 거리가 멀어요. 군자는 사사로운 이익을 위해 사회질서를 파괴하지 않아요. "극기복례위인(克己復禮爲仁)"이란 말은 모든 사람이 자신의 이기심을 버리고 자신의 책무를 다한다는 의미에요. 우리가 함부로 행동하거나 사고하지 않고 스스로를 잘 다스리고, 생활규범을 포함한 사회의 예악 제도를 제대로 지킨다면 모든 사람이 조화롭게 어울리며 사는 이상사회를 실현할 수 있을 거예요.

입으로만 '인의'를 외칠 것이 아니라 구체적인 행동으로 보여주어야 해요. 우선 '충서지도(忠恕之道)'를 따라 악을 멀리하고 선을 가까이하며 옳고 그름을 제대로 판단해야 해요. "자기가 하고 싶은 대로 남에게 베풀라."라는 말처럼 타인과 사회를 위해 자신의 책임을 다하는 것이 바로 '충'이에요. "자신이 원하지 않는 일을 남에게 시키지 마라."는 말처럼 자신의 마음을 표준으로 삼아 남의 마음을 추측하는 것이 바로 '서'예요. 다시 말해 자신에게 엄격하고 남에게 관대하게 대하며 언제 어디에서든 사람과의 조화를 중시하는 태도를 말해요. 임금은 백성을 사랑하고, 신하는 임금을 존경하며, 자식은 부모에게 효도하고, 부모는 자식을 사랑하며, 백성은 서로 믿어야 하는 것처럼 저마다 각자의 역할과 책임을 다해야 해요.

　사람이 동물과 다른 것은 윤리도덕을 지키며 인간으로서의 도를 중시하기 때문이에요. 우리는 사람의 도리를 다해 이기심을 버리고 타인을 사랑해야 해요. 부모로서 위엄을 지키면서 자식에게 끊임없는 사랑을 베풀어야 해요. 자식으로서 자식의 도리를 다하고 부모에게 효도해야 해요. 사람들은 자신이 맡은 바 임무를 제대로 파악하고 책임을 다해야 해요. 그리고 자신의 일을 위해 최선을 다하되 자신의 일이 아닌 일에 대해서는 분에 넘치는 생각을 버려야 해요.

　우리는 규범을 준수하고 평화롭고 조화로운 사회를 위해 질서를 세워야 해요. 공자는 이를 위해 일생을 바쳐 윤리사상을 설파했어요. 예악이 무너진 사회를 지켜보면서 안타까워했던 공자는 평화로운 사회 건설을 위해 전력을 다했어요. 2천여 년 전 탄생한 공자의 사상 중에는 오늘날의 상황에 맞지 않는 부분도 있지만 기본적으로는 대부분 공감할 수 있어요. 시대를 막론하고 윤리도덕과 사회규범은 반드시 강조되어야 하며 지켜져야 하기 때문이에요.

장자의
소요인생

어릴 적 하늘 높이 날아가는 새를 넋을 잃고 바
라보며 부러워한 적이 있어요. 여러분 중에도
자유롭게 날아다니는 새가 되고 싶었던 사람이
있을 거예요. 아름답게 지저귀는 새소리를 들으며 자유
와 즐거움을 만끽한 적도 있겠죠. 새들은 활짝 편 두 날개를 우아하게
휘저으며 높은 하늘을 날아다니며 흥겨운 노래를 지저귀지요. 여러분
은 글짓기를 할 때 인물의 감정을 표현하기 위해 "흥겹게 지저귀는 새
처럼"이라는 비유를 써 본 적이 있나요?

중국 고대 사상가 장자(莊子, BC 369~286년)는 자유로운 인생관을 종
종 비상하는 새에 비유하곤 했어요. 《장자》는 후세를 위해 장자가 집필
한 철학서이자 문학작품이에요. 《장자》의 첫 번째 장 〈소요유 逍遙遊〉에
는 붕(鵬)이라는 큰 새와 작은 새에 관한 이야기가 나와요. 붕은 구만리

작은 새의 능력은 붕과 크게 차이가 났어요. 하지만 작은 새도 붕과 마찬가지로 자유롭게 상공을 비상하는 능력
이 있었지요. 그래서 여전히 즐겁게 수풀 사이를 날아다녔어요.

를 날 수 있지만 작은 새는 작은 수풀 사이를 날아다닐 뿐이었어요. 자신이 작은 새보다 훨씬 멀리 날 수 있다는 것 때문에 붕은 자만심이 넘쳐흘렀어요. 물론 작은 새의 능력은 붕과 크게 차이가 났어요. 하지만 작은 새도 붕과 마찬가지로 자유롭게 상공을 비상하는 능력이 있었지요. 그래서 작은 새는 여전히 즐겁게 수풀 사이를 날아다녔어요.

누군가 붕과 작은 새를 새장에 가두어 날지 못하게 한다면 아마 살아있다는 즐거움이 사라질 거예요. 이는 말에게 고삐를 채우거나 소에게 코 뚜레를 씌우는 것처럼 자유를 앗아가 버리는 일이지요. 사실 사람들은 동물에게 굴레를 씌울 뿐만 아니라 스스로에게도 수많은 굴레를 씌우며 살아가요. 재물을 쌓고 호화로운 삶을 탐하는 욕망이 바로 그런 굴레예요. 사람들은 부자가 되고, 명예와 사회적 지위를 쌓으며 성공하는 일에만 몰두해요. 그리고 지치고 피곤한 일상 때문에 여유를 잊고 살아요. 일을 완벽하게 처리하기 위해서, 혹은 부모님을 만족시켜 드리기 위해서, 혹은 유명해지기 위해서 등의 이유로 말이죠.

유유자적(悠悠自適)은 모든 사람이 꿈꾸는 삶이에요. 아무런 구속도 없이 자기 하고 싶은 대로 행동하고, 노래를 부르고 싶을 때 부르고, 잠을 자고 싶을 때 잘 수 있다면 정말 행복할 거예요. 예부터 많은 철학자가 이런 꿈을 꿔왔어요. 이와 같은 경지에 오르면 그들을 속박하는 일상생활의 번거로운 것들로부터 벗어나 자신이 좋아하는 일만 할 수 있을 거라고 생각했어요. 그들이 꿈꾸던 이상은 절대자유 즉, 정신적 풍요로움과 평화를 만끽하는 것이었어요.

재물을 쌓고 호화로운 삶을 탐하는 욕망이 바로 그런 굴레에요. 사람들은 부자가 되고, 명예와 사회적 지위를 쌓으며 성공하는 일에만 몰두해요.

장자는 자유를 꿈꾸던 철학자예요. 공자보다 백 년 정도 늦게 등장한 장자의 사상은 그와 전혀 달랐어요. 공자의 유가사상은 사회와 사람 사이의 질서를 중시했지만 장자의 도가사상은 삶의 자유를 중시했어요. 그리고 공자는 윤리도덕을 따르는 삶을 강조했으나 장자는 자연에 순응하는 삶을 강조했어요. 공자는 군주가 통치권을 가지고 있어야 한다고 주장했지만 장자는 법률이나 강력한 권력 없이도 천하가 저절로 잘 다스려진다고 주장했어요.

동물이든 사람이든 본성에 따른다면 자유를 느낄 수 있을 거예요. 세상을 넓게 바라보고 재물이나 권력, 명성과 같은 주변의 자질구레한 일을 시시콜콜 따질 필요는 없어요. 생로병사와 관련된 일에도 평정심을 유지하며 영원한 생명을 바라거나 가족이나 친구의 죽음 때문에 슬퍼할 필요도 없어요. 모든 것을 깨달은 사람은 고통 없이 무한한 자유를 느낄 수 있을 거예요.

《장자》의 〈지락 至樂〉편에 보면 장자의 아내가 죽었을 때 친구 혜자가 조문을 갔다가 장자의 모습을 보고 깜짝 놀라는 이야기가 나와요. 장자는 비통에 빠져 눈물을 흘리기는커녕 물동이를 두드리며 신나게 노래를 부르고 있었기 때문이에요. 화가 난 혜자가 장자에게 따져 물었어요.

"자네와 동고동락하며 자식들을 길러준 조강지처가 죽었는데 어떻게 눈물 한 방울 흘리지 않는가? 오히려 덩실덩실 춤을 추다니, 자네의 모습에 너무 실망했네."

그러자 장자가 대답했어요.

"나도 처음에는 너무 슬펐네. 하지만 인간은 '기

(氣)' 의 일부에 불과하며 생과 사가 하나라는 사실을 깨달았지. 인간이 살아 있는 것은 '기' 가 모여 있기 때문이고, 죽음은 '기' 가 흩어지는 것이네. 즉, 삶이 있으므로 죽음이 있고, 죽음이 있는 곳에서 삶이 있는 것이지. 인간의 삶과 죽음이 자연에 따른 것임을 깨달은 지금 아내가 죽었다고 통곡만 할 일은 아니지 않나?"

'인생은 한낮 꿈' 이라는 말 역시 같은 이치예요. 장자가 꿈에 나비가 되어 훨훨 날아다니는 꿈을 꿨는데 시간이 지나자 자신이 나비인 꿈을 꾸는 것인지, 아니면 원래 나비였는데 잠시 인간이 된 꿈을 꾸는 것인지 알 수 없었다고 해요. 우리는 살면서 수많은 일을 겪는데 어떤 일들은 금방 지나가지만 어떤 일들은 긴 여운을 남겨요. 눈 깜짝할 사이에 나이가 들고 어른이 되며, 노인이 된 자신을 발견하게 되죠. 어제의 경험이 좋은 추억이 되고, 오늘의 생활은 언제나처럼 지속할 것이며, 내일의 일은 아무도 예측할 수 없는 법이에요. 즉 모든 것이 끊임없는 변화의 과정이에요.

소중한 생명과 삶을 유지해 가기 위해서는 사물의 본성을 통찰하고 우주 만물의 '도' 를 관찰해야 해요. '도' 는 눈에 보이지 않고, 귀로 들리지 않으며, 손으로 만질 수 없어요. 단지 복잡하고 어지러운 가운데 법칙을 발견하고, 변화하는 것 중에 불변하는 것을 찾으며, 작은 것에서 큰 것을 생각해 내는 과정에서 얻을 수 있는 거예요. 우리가 평소 분노하고 괴로워하는 이유는 바로 일의 경위를 제대로 파악하지 못하기 때문이에요. 나보다 예쁘고 멋진 사람을 보면 배가 아프고, 나보다 똑똑한 사람을 보면 질투가 나고, 나보다 부자인 사람을 보면 하늘을 원망하게 돼요. 이러한 사실을 받아들이지 않는 사람은 실망이 크겠지만 그렇지 않은 사람은 고통과 번뇌에서 벗어날 수 있어요.

지나친 욕심을 버리면 호수처럼 잔잔한 마음의 평화를 얻을 수 있고, 남들과 비교하는 태도를 버리면 괴로워하며 고민하는 시간이 줄어든다는 사실을 경험을 통해 배웠어요. 자유와 해탈을 원한다면 세상의 모든 일에 대한 집착과 욕심을 버리고 감정을 다스리는 일이 중요해요. 그리고 남들과 비교하면서 억지로 같아지려고 노력할 필요도 없어요. 도가의 양생법(養生法, 병에 걸리지 않도록 건강관리를 잘 하여 오래 살기를 꾀하는 방법)은 자연에 순응하는 거예요.

공자의 인의 도덕이 사회와 가정에 질서를 세우고 균형을 맞추도록 도와줬다면 장자의 소요의 경지는 우리의

남들과 비교하면서 억지로 같아지려고 노력할 필요는 없어요.
도가의 양생법은 자연에 순응하는 거예요.

몸과 마음에 자유와 안정을 찾아주었어요. 근대 프랑스 계몽사상가 루소(Jean-Jacques Rousseau)는 사회적 동물인 인간은 다양한 족쇄에 묶여 살기에 언제나 자유를 갈망한다고 했어요. 따라서 다양한 문화, 예술 활동은 이러한 자유를 실현하기 위한 것이며 장자의 '소요유' 역시 마찬가지예요.

아무런 구속도 당하지 않는 자유로운 인생은 모든 사람이 꿈꾸는 삶이에요. 인간이 꿈을 꾸는 것은 정신 활동의 하나예요. 완벽하지 않은 현실을 꿈을 통해 실현하려는 것이죠. 장자는 '성인', '신선', '진인(신격화된 인간)', '지인(지극히 성숙의 경지에 이른 사람)' 이 소요사상의 꿈을 실현해 주리라 여겼어요. 그런 꿈은 문학작품, 시, 노래 속에 녹아들어 있어요.

플라톤의
두 가지 세계

중국에는 "보는 것은 진실, 듣는 것은 거짓"이란 말이 있어요. 우리가 눈으로 직접 보는 것만이 진실이고 귀로만 듣는 이야기는 거짓이란 뜻이에요. 눈에 보이는 책상, 의자, 칠판, 교단 같은 물건이나 우리 옆에 있는 부모님, 친구, 선생님 또는 공원에 있는 꽃, 풀, 나무, 호수, 시냇물은 실제로 존재해요. 우리가 매일 보는 이것들을 진짜가 아니라고 할 수는 없어요.

그런데 우리는 종종 머릿속으로 사실이 아니지만 꼭 실제 같은 모습을 상상해요. 예를 들면 백마 탄 왕자와 선녀가 나타나거나 소인국에 가보는 것처럼 말이에요. 때로는 현실 세계보다 이러한 상상 속의 세상을 더 좋아하기도 해요. 현실 세계는 매우 복잡하고 언제나 변화하기 때문이에요. 단단해 보이는 책상과 의자도 언젠가는 썩어 사라질 것이고 젊고 아름다운 여성도 나이가 들면 쪼글쪼글한 할머니가 되며 예쁜 꽃이나 나무도 시들어 떨어지기 마련이지요. 우리는 종종 영원히 늙지 않고 지금 그대로의 모습을 간직할 수 있는 마법이 있으면 좋겠다고 생각해요. 변화라는 것은 언제나 우리를 긴장시키고 두렵게 하니까요. 그래서 사람들은 늘 안정적이고 편안한 것을 원해요.

끊임없이 변화하는 가운데 절대 변하지 않는 것이 존재할까요? 동물과 식물의 본질은 같을까요? 사람들이 "장미꽃이 정말 아름답다." "풍경이 너무 멋있다." "여자아이가 참 귀엽다."라고 말할 때 '미(美)'에 대한 기준이 있을까요? '미'는 아름다운 것의 '보편자'를 가지고 있을까요? 여기서 보편자는 개별자와 반대되는 개념이에요. 예를 들어 백두산, 한라산, 지리산, 계룡산, 설악산 등은 개별자이고 산은 보편자인 거죠. 사람들은 항상 "착하게 살아야 한다."라고 말하는데, 착하다는 것의 '보편자'는 무엇일까요?

고대 그리스 대철학자 플라톤(Plato)은 어느 날 이 문제에 대해서 생각하다가 '이데아론'을 세웠어요. 이데아는 이성의 작용으로 얻은 최고의 개념이에요. '이데아론'은 수천 년 동안 중요한 이론으로 여겨져 왔고, 서양 철학 사상의 원천으로 여겨지고 있어요.

플라톤은 우리가 서로 다른 두 가지 세상에서 살고 있다고 생각했어요. 하나는 우리가 직접 보고 만질 수 있는 현상계이고, 또 하나는 우리가 볼 수는 없지만 상상할 수 있는 이데아계예요. 현상계는 우리 눈에 보이는 세계, 즉 일상생활에서 보고 있는 지금의 세계를 말해요. 공원의 꽃이나 나무, 거리의 행인과 자동차, 시장에서 파는 각양각색의 물건들이 그렇죠.

반면에 이데아계는 이성을 통해서만 관찰할 수 있는 세계예요. 간단

플라톤은 우리가 서로 다른 두 가지 세상에서 살고 있다고 생각했어요. 하나는 우리가 직접 보고 만질 수 있는 현상계이고, 또 하나는 우리가 볼 수는 없지만 상상할 수 있는 이데아계예요.

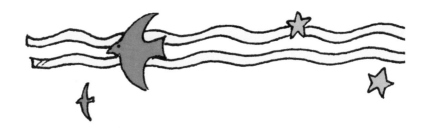

히 말해서 플라톤은 '이데아'를 구체적인 사물의 '속성' 혹은 '보편자'라고 믿었어요. 예를 들면 '인간'도 하나의 '보편자'예요. 우리가 일상생활에서 보는 사람들, 즉 아빠, 엄마, 친척, 이웃, 친구는 서로 생김새도 다르고 성격도 다르지만 모두 같은 종에 속하며 '인간'이라 불려요.

인간이 다른 동물보다 똑똑한 이유는 무엇일까요? 우리가 문명생활을 할 수 있는 이유는 무엇일까요? 그것은 지혜를 가진 인간이 다양한 경험을 통해 '보편자'를 발견하고 언어와 개념을 도출해낼 줄 알았기 때문이에요. 우리는 '인간'이라는 개념이 있기에 동물과 혼동하지 않고, '미'라는 개념이 있기에 '아름다움'과 '추함'을 구분하며, '선'이라는 개념이 있기에 '악'을 볼 줄 알며, '진리'라는 개념이 있기에 옳고 그름을 판별할 수 있어요. 눈앞의 모든 사물과 사람, 모든 사건과 행위는 '이데아'에서 생겨난 것들이에요. 다시 말해 '이데아'는 사물을 낳고, '본질'은 '현상'을 낳는 것처럼 개념이 구체적인 것들을 만들어낸 거예요.

누군가는 이렇게 물을 거예요.

"플라톤은 왜 세계를 서로 다른 두 가지 세계로 나누었나요?"

"우리가 사는 현상계는 눈에 보이지 않는 이데아계의 조종을 받는 건가요?"

"눈에 보이는 것보다 눈에 보이지 않는 것이 확실하다는 이치는 너

플라톤은 왜 세계를 서로 다른 두 가지 세계로 나누었나요? 우리가 사는 현상계는 눈에 보이지 않는 이데아계의
조종을 받는 건가요?

무 황당하지 않나요?"

플라톤은 '이데아'를 발견했지만 큰 사상적 진보를 이루지는 못했어요. 사람들은 이 세상에서 일어난 일을 모두 이해할 수 없었고, 신이나 귀신 같은 가상의 존재를 만들어 냈어요. 따라서 민족마다 다른 신화와 천지창조설을 가지고 있어요. 불교, 이슬람교, 기독교 등 우리가 아는 종교는 모두 우주와 인생에 대한 이야기로 가득해요. 신화, 종교와 비교하면 플라톤의 이데아론은 일부 종교적 신비주의 사상적 편향을 제외하고는 철학적 사고의 흔적을 많이 찾아볼 수 있어요.

플라톤은 '이데아계'는 하나뿐이지만 '현상계'는 여러 개라고 믿었어요. 아름다운 것은 많지만 '미'의 본질은 하나이며, 사람들이 서로 다른 특징을 가지고 있지만 인간의 본질 역시 하나라고 생각했어요. 그리고 활짝 핀 장미꽃이 사람들에게 감동을 주는 이유는 '미'의 이데아 때문이며, 어떤 사람이 사람들의 비난을 받는 이유도 '인간'이라는 이데아에 어긋나기 때문이라고 주장했어요. 이성적 동물이라 불리는 인간의 몸에 이성이 존재하지 않고 본능만 남아있으며, 도덕적인 동물이라 불리는 인간이지만 도덕이 존재

하지 않고 자기만 생각하는 욕심만이 남아 있을 뿐이라고 여겼어요. 사람들은 다른 사람을 비난하거나 꾸짖을 때 종종 "이 짐승 같은 놈" "넌 인간도 아니야." "짐승만도 못한 놈"이라는 표현을 써요. 이런 말을 하는

사람들은 마음속에 나름의 평가기준을 가지고 있어요. 사람으로서 마땅히 해야 할 행동이나 하지 말아야 할 행동 등의 기준을 정하는 것이 바로 플라톤이 말하는 인간의 본질이에요.

사람들은 예부터 절대 변하지 않는 것들(정신, 영혼, 하느님, 이데아 등)을 찾는 일에 관심을 가졌으며 그것을 통해 변화하는 것들(별, 달, 산천, 강물 등)을 이해하려 했어요. 현상계의 모든 것은 매우 복잡해 보여서 하나로 통일시킬 필요가 있었어요. 사람은 왜 착해졌다 나빠졌다 변하는 걸까요? 진짜 근본적인 이유가 무엇일까요? 정신이 영원히 존재한다는 사실은 우리 눈앞에서 일어나는 모든 일들을 설명해줘요. 옛날 사람들은 꿈에서 과거에 경험한 일을 다시 겪거나 죽은 가족을 만나는 일을 가장 불가사의하다고 여겼어요. 꿈의 출현은, 인간의 영혼은 죽지 않으며 영혼과 정신이 세상을 지배한다는 사실을 증명해줬어요. 따라서 플라톤은 정신형태로 존재하는 '이데아'가 우주 만물의 기원이고, 변하지 않는 존재이자 인간의 생사를 좌우한다고 믿었어요. 그리고 '이데아'가 세상 모든 것들의 변화를 주재한다고 여겼어요.

이데아계는 현상계의 원형과 본질이므로 인간의 감각기관으로 알 수 있는 세계가 아니에요. 이데아계는 인간의 이성으로만 인식할 수 있는 세계에요. 우리의 눈은 단지 눈앞의 아름다운 미녀만 볼 수 있을 뿐,

이데아계는 현상계의 원형과 본질이므로 인간의 감각기관으로 알 수 있는 세계가 아니에요. 이데아계는 인간의
이성으로만 인식할 수 있는 세계예요.

'미'의 본질은 보지 못해요. 학교에서 배운 지식은 우리가 감각적인 것들을 초월해 개념적인 것들을 이해할 수 있게 도와줘요. 우리가 앞으로 겪게 될 모든 일은 그런 개념을 통해 표현할 수 있어요. 철수가 진실을 말하고 있는지, 그림이 정말 아름다운지, 우리의 행동이 도덕에 위배되지 않는지 등 말이에요. 학교에서 남들보다 월등히 머리가 좋은 학생들은 이런 개념을 배우는 속도가 빠르고, 다른 개념에 활용하는 능력이 뛰어나요.

플라톤은 이데아계의 존재를 긍정하고 있기 때문에 객관 유심주의 철학자로 분류돼요. 그는 모든 우주가 이데아에 의해 만들어졌다고 여겼어요. '미'의 이데아는 아름다운 꽃과 아름다운 사람을 만들고, '의자'의 이데아는 다양한 형태의 의자를 만들어 냈으며, '인간'의 이데아는 인간의 이성과 본질을 만들어냈다고 주장했어요. 즉 물질은 정신을 따르며 현상은 본질을 따라야 해요.

오늘날에는 매우 황당한 견해지만 옛날에는 매우 어려운 철학 사상이었어요. 이는 인류가 감각적 경험세계의 결함을 극복하고 이성적 지식의 세계로 한 걸음 나아갔음을 의미해요. 감각경험은 우리에게 많은 착각이나 편견을 불러오지만 이성과 지식은 그런 한계를 벗어나도록 도와주지요. 플라톤이 위대한 철학자인 이유는 인간이 감각적 경험 세계에 머물지 않고 지식세계에 발을 디딜 수 있는 초석을 마련해 주었기 때문이에요. 항상 숨어 있으며 쉽게 볼 수 없는 진리를 보기 위해서는 눈앞의 현실에 현혹되지 말고 언제나 깨어있어야 해요.

데카르트의 "나는 생각한다. 고로 나는 존재한다."

인간과 동물이 다른 점은 무엇일까요? 가장 큰 차이는 바로 인간의 지능이 다른 동물보다 훨씬 높다는 점이에요. 따라서 인간에게 가장 소중한 것은 바로 지능 즉, 생각하는 능력이에요. 인간에게 생각하는 능력이 없었다면 오늘날과 같은 문명은 결코 이루지 못했을 거예요. 그렇다면 생각한다는 것은 무슨 뜻일까요? 이 문제는 매우 간단해 보여요. 생각하는 것은 말 그대로 머릿속으로 무언가를 떠올리는 거니까요.

그렇다면 사람들은 항상 생각을 하는 걸까요? 관찰하고, 분석하고, 책을 읽고, 추억하고, 꿈을 꾸는 것은 모두 생각하는 것에 속해요. 숙제를 할 때 승기는 생각을 해요. 윤아도 생각을 해요. 하지만 승기의 성적과 윤아의 성적은 왜 차이가 날까요? 승기는 항상 50점도 안 나오는데 윤아는 언제나 100점만 받아요. 승기가 수업을 열심히 듣지 않았거나 머리가 안 좋은 구제불능의 학생이라서 그런 걸까요?

사실 두 사람의 성적이 다른 이유는 생각하는 능력에 차이가 나기 때문이에요. 승기는 생각하기를 싫어하거나 생각하는 방법에 대해서 배우지 못해서 수업 내용을 잘 이해하지 못하는 거예요. 반대로 생각하기를 좋아하며 생각하는 방법을 제대로 알고 있는 윤아는 선생님 말씀을 잘 이해하고 수업도 잘 따라가요.

사람들이 서로 차이가 나는 이유는 선천적인 것(키가 크거나 얼굴이 예쁘거나 하는 등) 말고도 생각하는 능력에서 찾을 수 있어요. 같은 지역에 태어나 같은 학교에 다니고 같은 경험을 했는데 왜 어떤 사람은 성공하고 어떤 사람은 실패하는 걸까요? 바로 생각하는 능력의 차이 때문이에요.

우리는 종종 기회는 준비된 자에게 돌아간다고 말해요. 이 말은 무슨 의미일까요? 생각하는 사람은 문제제기를 잘하며, 기회를 찾고, 제대로 이용할 줄 알아요. 생각하는 것도 사람의 재능에 속해요. 극단적으로 말하면 생각하는 능력이 사람의 가치를 결정한다고도 할 수 있어요.

근대 프랑스 철학자 데카르트(Rene Descartes)는 이를 "나는 생각한다. 고로 나는 존재한다."라는 짧은 철학 명제로 압축했어요. 그의 명제는 몇 글자밖에 안 되지만 매우 심오하고 깊은 뜻을 갖고 있어요. 명

근대 프랑스 철학자 데카르트는 이를 "나는 생각한다. 고로 나는 존재한다."라는 짧은 철학 명제로 압축했어요.

제는 인식하는 방법과 원칙, 사람으로서 갖춰야 할 태도와 가야 할 방향을 제시하고 있어요.

"나는 생각한다. 고로 나는 존재한다." 당장 생각하지 않는다고 해서 존재하지 않는 건 아니지만 단지 육체적인 의미로만 존재할 뿐이에요. 생각하는 사람은 정신적으로 존재하며 자아의식을 가지고 있으며 자신이 누구인지를 알고 있을 거예요.

데카르트는 육체와 정신을 완전히 나누어 생각했어요. 육체는 물질적인 것으로 외연적인 속성(일정 공간을 점유하거나 분리될 수 있는 실체)을 가지고 있으며 결국 사라지고 말아요. 반대로 정신은 추상적인 것으로 사유의 속성(분리될 수 없는 실체)을 가지고 있어서 영원히 부패하지 않아요.

물론 육체와 정신은 다르며 근본적으로 대립하는 실체이기도 해요. 하지만 인간은 둘의 조합으로 이루어져 있고, 육체와 정신은 서로 영향을 주고받아요. 이러한 현상을 상호작용이라고 해요. 목이 마르거나 배가 고프다고 느낄 때 음식을 찾는 강렬한 욕구는 살고자 하는 본능에 속해요. 어딘가에 부딪혀 넘어지거나 화상을 입는 등 신체의 상해를 입으면 아픔이 느껴지고 걱정하는 마음이 생겨나요. 육체와 정신의 상호작용은 확실하면서도 매우 복잡해요. 한의학에서는 화를 내면 간이 아프고, 걱정이 많으면 폐가 아프다고 주장해요.

데카르트는 사람의 심신결합에 대해 설명하기 위해서 해부학, 생리학, 심리학 각도에서 대뇌, 송과선(pineal gland), 신경조직, 근육생성 등에 대해 구체적인 연구를 했어요. 물론 당시 과학이 크게 발달하지는 않았지만 그는 매우 가치 있는 발

견을 했어요. 그의 목적은 사람이 이성적인 동물이라는 사실을 증명하

는 데 있었어요. 즉 사람의 두뇌는 매우 소중하며 사람은 뚜렷한 주관

을 가지고 살아야 하며 생각 없이 남의 말에 이끌려 다녀서는 안 된다

우리는 모든 것을 의심할 수 있어요. 하지만 '내가 의심을 하고 있다'라는 사실만큼은 의심할 수
없어요.

고 주장했어요.

데카르트는 사람들이 서로 이해하지 못하기 때문에 오해와 마찰이 생긴다고 여겼어요. 서로 이해하지 못한 사람들은 얼굴을 붉히며 화를 내거나 다툼을 벌여요. 하지만 사람들이 저마다 자기주장만 고집하면 의견을 모을 수 없어요. 각 종교 간의 장기적인 대립이 가장 대표적인 예에요. 사람들이 이처럼 치열하게 대립하는 이유는 무엇일까요? 그건 강한 자기주장과 심한 편견 때문이에요.

사실 어릴 적 잘못 알게 된 사실이나 경험이 어른이 된 후에도 영향을 미치는 경우가 많아요. 고집이 센 사람들은 주변 일에 무관심하고, 편견이 많은 사람은 남의 의견에 귀 기울이지 않아요. 이런 아집과 편견에서 벗어나기 위해서는 어떻게 해야 할까요?

첫째는 '보편적 의심' 의 방법으로 낡은 생각들은 제거해야 해요. 즉 바구니에서 썩은 사과를 꺼내 맛있는 사과만 남겨놓는 것과 같아요. 모든 것을 의심하는 과정을 통해 진리를 얻는 데 목적이 있어요.

우리는 모든 것을 의심할 수 있어요. 대지와 산천, 역사적인 사건, 생명의 가치는 물론이고 자신의 존재까지도 의심할 수 있어요. 하지만 '내가 의심을 하고 있다' 라는 사실만큼은 의심할 수 없어요. 내가 의심을 한다는 사실은 생각을 한다는 것이고, 육체적 · 정신적으로 내가 살아있다는 것을 의미해요. 보편적인 의심을 통해서 우리는 지식을 얻는 발판을 마련할 수 있어요.

인간의 지식은 생각하는 과정을 통해 얻은 결과예요. 데카르트의 철학 명제 "나는 생각한다. 고로 나는 존재한다."는 결국 인간이 인식의 주체라는 것을 증명하고 인간의 주체의식을 강조하고 있어요. 그의 이론은 종교사상에 저항하기 위한 목적에서 출발했어요.

둘째는 '분석의 방법'이에요. 복잡하고 어지러운 현상에서 간단하고 명확한 것을 얻는 것 즉, 개별적인 것에서 일반적인 것을 도출하고, 구

체적인 것에서 추상적인 것을 도출해 내야해요.

　과학자가 사람들의 존경을 받는 이유는 무엇일까요? 바로 자연의 변화과정에서 일반적인 법칙을 찾아내고, 사람들 눈에 보이지 않는 것을 볼 수 있기 때문이에요. 뉴턴이 만유인력의 법칙을 발견한 것처럼 말이에요. 형사가 탐문과 수사를 통해 범인을 잡을 수 있는 이유도 작은 단서를 추적해 결론을 도출해 내는 능력 덕분이에요.

　사실 우리는 수많은 일상생활에서 분석의 방법을 사용해요. 병원에서 콧물을 흘리는 이유를 물으면 의사는 감기에 걸렸기 때문이라고 말해요. 승기는 친구들에게 놀림을 받는 이유에 대해 자신이 뭔가 큰 실수를 했기 때문이라고 생각해요. 이처럼 사람들이 종종 잘못을 저지르는 이유는 분석적인 사고를 하지 않고 대충대충 생각하기 때문이에요.

　셋째는 '종합적 방법'이에요. 데카르트는 "낮은 곳에서 문제를 바라봐야 한다." "학습은 점진적인 과정이며 조급한 마음이 일을 그르친다." "전체적인 각도에서 문제를 생각하라." 등 평소 우리가 자주 쓰는 말을 남겼어요.

　데카르트는 종합적 인식방법이란 사물을 낮은 곳에서 높은 곳까지 모든 것을 살펴보는 것이며, 인간의 인식에도 순차적인 인식 과정이 있다고 말했어요. 인식활동은 가장 단순하고 판단하기 쉬운 대상에서 시작해 복잡하고 어려운 대상으로 확장돼요. 오선지와 건반도 제대로 익히지 않고서 처음부터 피아니스트가 될 수는 없으며, 덧셈과 뺄셈을 모르고 대수와 제곱근 문제를 푸는 것은 불가능해요. 그리고 물속에서 숨 쉬는 요령을 모르는 채로 수영선수가 될 수는 없어요.

　사물을 인식하는 방법에도 '귀납법' 혹은 '열거법'이라는 방법이 있어요. 형사는 사건을 해결하기 위해 핏자국이나 지문, 발자국, 머리카락, 담배꽁초, 종잇조각 등 관련된 증거를 수집하고 모든 흔적을 확인해봐야 해요. 그리고 유형별로 나눈 뒤 증인이 제시한 근거를 나열하여 일일이 대조, 분석의 과정을 거쳐요. 범인을 잡기 위해서는 어떤 단서도 놓쳐서는 안 돼요. 때로는 아주 작은 단서가 진상을 밝히는 중요한 열쇠가 되요. 과학자들이 유전학연구를 할 때 수차례의 실험을 반복하는 이유도 동·식물의 모든 유전자 데이터를 최대한 많이 수집해서 유전법칙을 찾아내기 위해서예요.

서양 근대 철학의 아버지 데카르트는 인간의 주체적 지위를 증명하여 인류에 위대한 공헌을 했어요. 그는 인식론의 각도에서 인간이 이성적 동물이라는 사실을 확인했고, 인간의 존재는 생각하는 것으로 증명된다고 주장했어요. 뿐만 아니라 근대서양 과학 발전에 이론적 기초를 제공했어요. 꼭 필요한 지식을 얻기 위해서 우리는 직접 세계라는 책을 펼쳐 자연과 사회에 대해 배워야 해요. 이미 정해진 답을 비판 없이 받아들이거나 자신을 더러운 쓰레기 더미 속으로 밀어 넣으면 안돼요. 의심, 개방적 사고, 분석, 귀납은 사물을 인식하는 중요한 사고 방법이자 성공적인 인생의 전제조건이에요.

마르크스의 자유국가

마르크스(Karl Heinrich Marx)는 공산주의를 창시한 위대한 사상가예요.

철학과 정치경제학, 과학적 사회주의로 구성된 마르크스주의는 세계의 모든 발전과 변화를 이론으로 설명하고 있어요. 마르크스는 자연계와 인간사회는 모두 사물운동의 변증법 즉, 양(量)이 질(質)로 변하는 법칙, 부정의 부정 법칙, 대립통일의 법칙을 따른다고 생각했어요. 자연계의 변화는 끊임없이 진화하고 완벽해지는 물질 에너지의 교환과정이며, 인간 사회의 발전은 부자유에서 자유로 가는 역사혁명 과정이라고 주장했어요. 그리고 모든 사물은 변증법을 따르며 영원히 변하지 않는 것이란 없다고 여겼어요.

마르크스는 학자형 철학자나 교수형 철학자가 아니었어요. 현실 사회를 날카롭게 비판하던 철학자이자 전 인류의 해방을 목표로 삼았던 위대한 철학자였어요. 마르크스는 "그동안 철학자들은 세계를 단지 해석해왔을 뿐이다. 그러나 중요한 것은 세계를 변화시키는 것이다."라는 유명한 말을 남겼어요.

그의 사상에 심취한 많은 사람이 혁명투쟁에 참가했는데 이것이 바로 사고의 힘이에요. 철학은 지혜의 학문이자 인류에게 행복과 자유를 가져다주어요. 철학이 점점 책장 속에서나 존재하는 학문, 학교에서만 접할 수 있는 지루한 과목으로 전락해 가고 있을 때 마르크스는 철학을 현실사회로 끌어냈고, 혁명을 이끌어내는 도구로 바꿔놓았어요.

철학자라고 하면 세계를 바라보는 넓은 마음을 가졌지만 사상문제에만 관심을 가질 뿐 현실적인 문제를 소홀히 여겨 살아가는 데 어려움이 많을 거라 생각해요. 하지만 마르크스는 자본주의사회의 착취와 억압, 계급 간의 대립이 사회 갈등과 계층 간의 충돌을 가져온다고 생각하고 공산주의 운동을 추진했어요.

프랑스 혁명이 제창한 "자유, 평등, 박애"의 자본주의 계몽사상이 현실세계에서 실현되지 않는다고 여긴 그는 가만히 있을 수 없었어요. 마르크스는 자본주의의 문제점을 폭로했어요. 그는 청년 시절부터 고통받는 대중을 위해 연설을 했고 무산계급에 관한 연구에 집중했어요. 그리고 변증법적 유물론과 사적 유물주의를 제창하고 무산계급 혁명이론을 위한 철학적 기초를 마련했어요. 그리고 사회주의가 자본주의를 대체해야 한다는 내용의 역사적인 저서 《자본론 Das Kapital》을 집필했어요. 그의 과학적 사회주의는 과거의 공상사회주의를 과학적 사회발전학설로 발전시키고 자유철학으로 한 단계 더 발전시켰어요.

마르크스는 "그동안 철학자들은 세계를 단지 해석해왔을 뿐이다. 그러나 중요한 것은 세계를 변화시키는 것이다." 라는 유명한 말을 남겼어요.

사람들은 마르크스가 제시한 자유와 평등이 실현된 이상 세계의 모습에 매력을 느꼈어요.

현실생활에서 노동자는 먹고 살기 위해 혹은 처자식을 부양하기 위해 힘든 삶을 강요받아요. 노동자는 돈을 벌어야 하기 때문에 노동의 참된 즐거움을 느끼지 못한 채 유죄를 선고받은 죄수처럼 억지로 노동에 참가해요.

일하는 동안 인간이라고 인식하지 못하던 노동자는 먹고 자는(동물적인 욕구를 만족하는) 시간에야 비로소 인간이라고 느껴요. 마르크스는 이런 현실에 대해 다음과 같이 묘사하며 크게 탄식했어요.

"자본주의 사회는 모든 것을 상품화하여 황금만능주의를 부추긴다. 사람들은 돈과 재산을 모으는 것을 삶의 목적으로 여기고 돈 앞에 무릎 꿇는다. 돈은 인간의 필요에 의해 만들었지만 결국 인간을 지배하게 됐고, 엄청난 부를 축적한 인류는 결국 돈의 노예로 전락했다. 돈은 검은 것을 하얗게, 더러운 것을 아름답게, 우둔한 것을 영리하게, 노쇠한 것

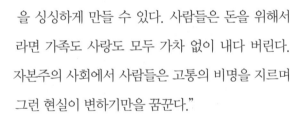

을 싱싱하게 만들 수 있다. 사람들은 돈을 위해서라면 가족도 사랑도 모두 가차 없이 내다 버린다. 자본주의 사회에서 사람들은 고통의 비명을 지르며 그런 현실이 변하기만을 꿈꾼다."

마르크스는 이런 현실을 받아들이지 않았어요. 그는 인류가 언젠가 이런 생활에서 벗어나 인생의 중요한 가치를 돈이 아니라 정신에 두길 희망했어요. 이런 날이 과연 올 수 있을까요? 마르크스 이전에도 프랑스 사상가 생시몽

사람들은 마르크스가 제시한 자유와 평등이 실현된 이상 세계의 모습에 매력을 느꼈어요.

(Saint-Simon)이 유토피아를 꿈꾸며 공상적 사회주의 이론을 내세운 적이 있어요.

철학, 역사, 경제, 정치, 문화를 두루 연구한 마르크스는 사유재산을 없애고 자본주의 제도를 뒤집어엎어 공산주의 사회를 만드는 것이야말로 전 인류의 이상을 실현하기 위한 현실적인 방법이라 생각했어요. 그는 이런 이상을 실현하려면 역사 발전 법칙을 따라야 한다고 주장했어요.

자본주의 제도가 사회 생산력을 따라가지 못해 과학기술 발전의 걸림돌이 된다면 사회주의 제도로 바꾸어야 하는데, 물론 이런 전환 과정은 물 흐르듯 자연스럽게 이뤄져야 하며 모든 사람이 사회주의의 필요성을 스스로 느끼고 무산계급의 혁명이 뒷받침되어야 한다는 것이지요.

예로부터 인류는 자유와 평등이 실현된 사회를 추구했고, 행복하고 즐거운 생활을 꿈꿔왔어요. 마르크스의 공산주의 사상 역시 이런 인류의 희망을 대표해요. 중요한 사실은 마르크스 사상이 책에서만 강조하던 이론이 아니라 행동으로 실천하는 철학이론이었다는 점이에요.

마르크스의 사상은 오늘에 이르기까지 수많은 논쟁과 혁명의 중심에 있었고 러시아혁명이 성공한 이후로 세계에서 가장 강력한 정치이념이 되었어요.

마르크스의 치밀한 분석력과 통찰력은 현대 학문에 지대한 영향을 끼쳤어요. 소련의 붕괴 후 그 빛을 잃었지만 현대 사회를 올바로 이해하기 위해서는 마르크스는 필수라고 할 정도로 자본과 노동의 관계에 대한 그의 이론적 해명과 자본주의에 대한 정확한 비판은 여전히 탁월

하고 유효하기 때문이에요.

　자유주의 정치철학자인 이사야 벌린은 마르크스에 대해 이렇게 말했어요.

　"일부 결론상의 오류가 있지만 마르크스 사상이 갖는 중요성은 조금도 변하지 않았다. 그의 사상은 역사와 사회를 바라보는 새로운 관점을 제시하고 인간의 인식을 높여주며 새로운 길을 열어준다."

철학 속의 심리학

물질과 정신은 사람들이 아주 오래전부터 고민하던 문제였어요. 물질이 세상 모든 것을 결정한다고 말할 수도 있지만 정신이 물질을 앞설 때도 있어요. 예를 들어 작은 생각 하나가 그 사람의 인생을 전혀 다르게 바꿔 놓을 수도 있어요. 우리는 물질을 최우선이라고 믿지만 물질보다 큰 정신의 힘을 믿어야 해요. 다시 말해 변증법으로 세계를 바라볼 필요가 있어요.

우리는 종종 "우주의 기원이나 인생의 의미는 철학문제야."라고 말하며 어렵거나 좀 깊이 생각해야 될 문제는 철학에 미루는 경향이 있어요. 또 그만큼 철학을 추상적이고 어려운 것으로 여겨 왔어요. 하지만 우주의 기원이나 인생의 의미가 뭐든 그냥 살면 그뿐일까요? 아무 생각 없이 그냥 되는 대로 살면 되는 걸까요?

이런 철학문제는 당장은 생각하고 싶지 않지만 언젠가는 풀어야하는 숙제와 같아요. 철학이 심오해 보이는 이유는 일상생활과 밀접한 연관을 가지고 있지만 한 번도 제대로 시원한 대답을 들어본 적이 없기 때문이에요.

여러분도 어릴 적 부모님께 "저는 어디에서 태어났어요?"라는 질문을 해본 기억이 있을 거예요. 그럴 때 부모님은 언제나 엄마의 배에서 나왔다고 대답해요. 가끔은 밖에서 또는 다리 밑에서 주워왔다는 짓궂은 농담도 하죠.

그럼 엄마는 어디에서 태어났을까요? 외할머니의 배에서? 또 그럼 외할머니는 어디에서 태어났을까요? 외할머니 어머니의 배에서? 이렇게 묻기를 반복하다 보면 우주의 기원으로 거슬러 올라가요. 이렇게 철학문제는 여러분 머릿속에서 나왔어요.

일상생활이 철학문제와 밀접한 관계를 갖는 이유는 무엇일까요? 사람들은 종종 불가사의한 일들에 부딪히거나 갈등과 모순 앞에서 고통스러워하면서도 깊이 생각하길 피해왔어요. 그렇지만 철학자는 끊임없이 생각하고 다양한 개념과 방법을 통해 문제를 풀고자 노력해요. 그것이 바로 보통사람과 철학자의 차이점이에요.

세계는
누가 만들었을까요?

세계는 누가 만들었을까요? 닭이 먼저일까요 달걀이 먼저일까요? 이는 철학이 생겨난 이후 줄곧 있었던 기본적인 철학문제로 많은 철학자가 이 문제를 풀고자 땀을 흘렸어요.

지구상에 발생하는 지진, 해일, 폭우, 가뭄, 폭염, 한랭 등의 자연현상은 인류의 생명과 재산을 위협하고 엄청난 피해를 입혔어요. 자연재난은 미리 안다고 해도 막을 수 있는 게 아니며 대부분은 예고 없이 갑자기 찾아와요.

예를 들면 2004년 인도네시아에서 발생해서 전세계인들을 엄청난 충격에 빠뜨렸던 쓰나미를 기억하나요? 쓰나미 역시 사전에 어떠한 징후도 포착되지 않았어요. 그날도 평소처럼 해안가에 누워 즐거운 시간을 보내고 있던 사람들은 갑자기 밀어닥친 거대한 해일에 아무것도 할수 없었어요. 거대한 파도는 주변 마을과 해안가를 휩쓸었고, 22만 명의 인명피해를 가져왔어요.

과학적으로 해석하면 쓰나미는 지각운동으로 인한 해저지진이에요. 해저지진은 관측하기 어렵고 순식간에 거대한 운동 에너지를 축적해서 엄청난 힘의 해일을 만들어요. 하지만 과학이 발달하지 않은 옛날, 인류는 지진과 해일 등의 자연현상을 죄를 지은 인간에게 하늘이 내리는 벌이라 생각했어요.

과학의 시대라는 오늘날도 사람들은 종종 "네가 나쁜 짓을 했으니 천벌을 받을 거야!" 라는 저주나 "내가 너를 속이면 마른하늘에 벼락을 맞을 거야!" 라는 맹세를 통해 신은 존재하며 어딘가에서 세상을 다스리고 있다는 옛 선조의 믿음에 어느 정도 찬성하는

신은 존재하며 어딘가에서 세상을 다스리고 있어요.

모습을 보여요. 그들은 하늘이 아무리 관대해 보여도 하늘의 뜻을 거스르는 자와 큰 죄를 지은 죄인은 천벌을 면하지 못한다고 믿었어요. 고대 그리스의 제우스, 동양의 옥황상제는 모두 인간의 생사를 주관하는 우주의 신이에요.

세계는 누가 만들었을까요? 고대인들은 눈에 보이지 않는 신이 만들었다고 믿었어요. 눈앞에 벌어지는 일들을 이해하지 못했던 고대인들은 신이라는 존재를 만들어내 스스로를 위로하고 불안을 떨쳐버렸어요. 살면서 보고 들은 다양한 우연들은 이런 신의 존재를 증명하는 것 같았어요. 착한 일을 하자 기적처럼 큰 보답을 받게 되었다거나 반대로 나쁜 일을 저지르자 거짓말처럼 천벌을 받게 되었다는 이야기는 우리 주변에서도 흔해요. 자연계의 비바람이든 인간계의 재난과 복이든 신이 정해놓은 대로 흘러가듯 보일 때가 있어요.

예로부터 세상의 모든 민족은 그들만의 신화와 전설을 가지고 있으며 각기 다른 신을 숭배해 왔어요. 이런 신화와 전설이 대대로 이어지면서 이에 걸맞는 의식과 제도가 형성되고 서서히 민족의 종교로 자리 잡아갔어요. 종교는 보이지 않는 곳에서 세상을 다스리는 신의 존재를 인정했고 불확실한 일들을 신의 뜻으로 받아들였어요.

고대인의 사상은 종교의 색채가 강했지만 일부 고대 사상가들은 다른 시도를 많이 했어요. 물질적인 존재나 정신적인 힘으로 세계를 설명하려 했고 유물주의와 유심주의의 철학관을 세웠어요. 유물주의자는 눈앞에 존재하는 물질이 모든 것을 결정하는 힘을 가지고 있다고 주장하고, 유심주의자는 세상이 눈에 보이지 않는 정신으로 만들어져 있다고 주장해요.

세상을 바라보는 태도와 다른 사람을 대하는 태도, 자기 자신에 대한 태도 등 사람들은 저마다 자신만의 생활태도가 있어요. 우리는 살면서 자신의 확실한 태도나 견해를 밝혀야 할 때가 많아요.

선생님은 여러분에게 소설을 읽은 뒤의 느낌을 묻고, 부모님은 반 친구들이랑 잘 지내는지를 물으며, 친구들은 철수가 너무 이기적이지 않느냐고 물어요. 이런 것이 모두 생활태도와 의견에 관한 문제에요. 마찬가지로 누군가 여러분에게 심오한 질문을 던진다면 자신의 의견을 정확하게 밝혀야 할 거예요.

우리는 유물주의자이거나 유심주의자 혹은 그 중간 입장을 취하고 있어요. 다음으로는 유물주의와 유심주

근대에는 철학자 대부분이 기계적 유물론의 입장을 취했어요. 그들은 세상을 단순화시켰고 역학법칙을 통해 세상을 이해하고자 했어요.

의란 무엇이고 각각 어떻게 세상을 해석하는지에 대해 알아보겠어요.

유물주의를 뜻하는 '머터리얼리즘(Meterialism)'이라는 말은 서양에서 건너왔으며, '메테리아(Meteria)'가 물질이란 의미를 지녀서 물질주의라고 불리기도 해요. 철학사전에 보면 유물주의는 물질을 최우선으로 삼고 정신을 두 번째로 여기는 이론이라고 해요. 유물주의는 세상은 물질로 이루어졌고 정신은 물질에서 나온 결과이자 그에 대한 반응에 불과하다고 정의해요. 유물주의에서는 세상의 모든 것을 물질운동의 결과로 봐요. 그리고 세상 만물과 인간의 신체는 신이 창조한 것이 아니라 물질원소의 조합으로 생겨난 것이라고 여겨요. 다시 말해 우리가 가지고 있는 모든 것, 먹고 마시는 음식, 만질 수 있고 볼 수 있는 모든 것은 물론이고, 심지어는 머릿속으로 생각하고 있는 문제, 희망하는 것들이 모두 물질로 이루어진 거예요.

예부터 유물주의는 끊임없이 완성되어 가는 과정에 놓여 있어요. 최초에 출현한 유물주의는 고대 사람들의 수준에 잘 맞았어요. 고대 그리스 철학자 데모크리토스(Democritus)와 에피쿠로스(Epicurus)의 원자론적 유물론은 사물의 구조를 통해 세상의 근본적인 문제를 설명했어요. 그들은 세계의 모든 사물을 더 이상 나눌 수 없는 미립자 즉, 물질을 이루는 가장 기본적인 요소인 원자의 집합으로 보았어요. 원자는 일정한 법칙에 따라 공기 중에서 뭉쳤다가 흩어지고 위로 올라갔다가 내려가기를 반복하며 풍부한 세계를 만들었어요.

중국 고대 사상가 순자(荀子)는 '기일원론(氣一元論)'을 주장하며 '기'가 세상의 근본이라 믿었어요. 중국은 특히 '기'의 역할을 중시했으며,

사물이 사라지는 것을 '기수이진(氣數已盡)', 즉 명운이 이미 다했다는 말로 표현했어요. 우리는 호흡을 통해 생명을 유지해요. '기'가 있으면 살고, '기'가 없으면 죽어요.

근대의 기계적 유물론은 당시에 유행했던 역학의 원리를 따라 세계를 끊임없이 움직이는 거대한 기계장치로 보았어요. 세계가 운동하는 물질로 구성되었다고 믿었고 물질 스스로 생겼다가 사라질 수 있다고 여겼어요. 운동하는 것은 생명을 의미하고 정지된 것은 죽음을 의미했어요. 예를 들어 인체라는 기계는 심장(기계의 태엽)과 관절(기계의 기어), 신

헤겔이 강조한 '절대정신'은 객관적 유심론에 속해요. 객관적 유심론을 주장했던 사람은 객관적인 정신이 존재한다고 믿었기에 하느님도 실제로 있다고 믿었어요.

경(기계의 용수철) 등이 조화롭게 움직여야 건강하게 오래 살 수 있어요. 기관 일부가 고장 나거나 녹슬면 병에 걸리거나 죽음에 이르게 돼요. 인간의 정신활동 역시 대뇌의 기계 운동에 불과해요. 근대에는 철학자 대부분이 기계적 유물론의 입장을 취했어요. 그들은 세상을 단순화시켰고 역학법칙을 통해 세상을 이해하고자 했어요.

우리가 교과서에서 배우는 변증법은 마르크스와 엥겔스의 이론을 기초로 세워졌어요. 변증법은 유물주의 사상의 한계를 뛰어넘고 물질과 정신을 변증법적으로 통일했어요. 변증법은 세상을 끊임없는 물질운동으로 보았고, 물질은 객관적인 법칙을 가지고 있다고 여겼어요. 정신의식은 두뇌 일부에 불과하며 물질이 발달하여 생겨났다고 생각했어요. 물질과 의식은 대립하면서도 통일된 개념이에요. 만물은 보편적인 인과관계(일반적으로 어떤 사실과 다른 사실 사이의 원인과 결과 관계)를 맺고 서로 영향을 주고받아요. 그리고 스스로 생겼다가 사라지는 것을 반복하죠. 이처럼 끊임없이 변하는 물질세계에 영원히 변하지 않는 것이란 없어요.

반면에 유물주의와 대립각을 이루고 있는 유심주의(idealism)는 관념을 중시하면서 세계를 다스리는 힘이 정신에 있다고 주장해요. 정신을 물질보다 우선시하며 의식이 있기 때문에 물질이 존재할 수 있다고 믿어요. 유심주의는 주관적 유심론과 객관적 유심론으로 나뉘어요.

주관적 유심론은 '나'의 감각과 경험에서 출발하며 '나' 없이는 세계도 존재할 수 없다는 입장으로 "세계는 내가 느끼는 대로 이루어진다."고 생각했어요.

중국 남송(南宋)의 사상가 육구연(陸九淵)은 "우주가 곧 내 마음이며,

내 마음이 곧 우주다."라는 말을 남겼어요. 영국의 근대 철학자 버클리 (George Berkeley)는 "존재하는 것은 스스로 깨닫는 것이다."라는 말을 했어요. 그는 "내가 눈을 뜨면 온 세상을 볼 수 있으며, 눈을 감으면 세상 만물도 존재하지 않는다."고 생각했어요.

객관적 유심론은 물질과 인간을 뛰어넘는 '객관정신'을 주장했고, 세상은 정신으로 만들어졌다고 여겼어요. 고대 중국의 '천명(天命)', 고대 그리스의 '이데아', 근대 독일 철학자 헤겔(Georg Wilhelm Friedrich Hegel)이 강조한 '절대정신'은 모두 객관적 유심론에 속해요. 객관적 유심론을 주장했던 사람은 객관적인 정신이 존재한다고 믿었기에 하느님도 실제로 있다고 믿었어요.

물질과 정신은 사람들이 아주 오래전부터 고민하던 문제였어요. 물질이 세상 모든 것을 결정한다고 말할 수도 있지만 정신이 물질을 앞설 때도 있어요. 예를 들어 작은 생각 하나가 한 사람의 인생을 전혀 다르게 바꿔 놓을 수도 있는 것처럼요.

하지만 반대로 말할 수도 있어요. 정신의 힘이 매우 크다고 말했지만 신체를 떠난 정신이 큰 역할을 할 수 있을까요? 정신이 지속적으로 힘을 발휘하기 위해서는 끊임없이 생각을 해야 해요. 우리는 물질을 최우선이라고 믿지만 물질보다 큰 정신의 힘을 믿어야 해요. 다시 말해 변증법으로 세계를 바라볼 필요가 있어요.

사기꾼들의
뻔한 수법

여러분도 조심성 없이 행동하다가 사기를 당한 사람들의 이야기를 많이 들어보았을 거예요. 신문이나 텔레비전에서도 이런 기사를 거의 매일 볼 수 있죠. 단체 사기 사건도 종종 일어나요. 사기꾼들의 수법은 나날이 치밀해져요. 그래서 사기를 당하고 사기인지 아닌지 모를 때도 있어요. 사람들은 헐값에 판매되는 물건을 보고 이게 웬 떡이냐는 마음으로 주머니에서 돈을 꺼내지만 사기라는 것을 깨닫기까지는 그리 긴 시간이 필요치 않아요.

사실 사람들이 사기를 당하고 사기꾼들이 돈을 긁어모으는 데에는 다 이유가 있어요. 외모나 옷차림, 상대의 재산으로 사람을 평가하는 잘못된 습관 때문이에요. 겉모습만 보고 사람을 평가하는 사람들은 결국 화려한 외모에 번지르르한 옷차림을 한 사기꾼들에게 속아넘어가기 일쑤죠.

사실 사람들이 사기를 당하고 사기꾼들이 돈을 긁어모으는 데에는 다 이유가 있어요. 외모나 옷차림, 상대의 재산으로 사람을 평가하는 잘못된 습관 때문이에요. 겉모습만 보고 사람을 평가하는 사람들은 결국 화려한 외모에 번지르르한 옷차림을 한 사기꾼들에게 속아 넘어가기 일쑤죠.

입에 발린 소리로 상대의 비위를 맞추고 값비싼 선물로 상대의 경계심을 늦추고 신뢰를 얻는 것은 사기꾼들의 뻔한 수법이지요. 자신을 칭찬하거나 추켜세우는 것을 싫어하는 사람은 없으니까요. 중국에서는 낡은 사기그릇을 남몰래 땅에 묻어 두었다가 우연히 발굴한 것처럼 꾸며서 비싼값에 팔았다는 사기꾼 이야기가 신문에 실렸어요. 그에게 사기를 당한 사람들은 평소 도자기에 관심도 없다가 헐값에 살 수 있다는 말에 현혹되어 구입한 거였죠. 결국 평범한 사기그릇을 엄청나게 비싼 값에 산 셈이죠. 게다가 더러운 진흙으로 범벅된 그릇이었답니다.

겉모습만 보고 숨겨진 진짜 모습을 보지 못하는 사람들은 쉽게 사기꾼들의 희생물이 될 수 있어요. 우리는 자연계에서 일어나는 사계절의 변화나 인간사회에 나타나는 여러 갈등과 모순 앞에서 눈을 크게 뜨고 사건이 발생한 이유를 자세히 살펴봐야 해요. 여러분은 사건의 옳고 그름을 판단할 수 있나요? 사기꾼들을 가려낼 수 있나요? 철학용어로 말해 볼게요. 여러분은 현상을 통해 본질을 바라볼 수 있나요? 이것은 우리가 반드시 갖춰야 할 능력이에요. 우리는 어릴 적부터 책 속에서 세상을 배우고 경험이 많은 사람(아빠나 엄마 혹은 선생님)에게 가르침을 받으라는 말을 들었어요.

현상을 통해 본질을 바라보는 것은 철학의 기본이에요. 철학자는 진리를 탐구하는 사람이기 때문이죠. 그렇다면 우리가 말하는 '진리'란 무엇일까요? 철학사전에서는 진리란 사람이 객관적으로 존재하는 실재에 대해 규칙적으로 반응하는 것이라 정의해요. 우리가 평소에 말하는 진리란 사실과 의미가 일치하는 것을 뜻해요. 간단히 말해서 진리는 겉으로 볼 수 있는 것이 아니며 사물의 숨겨진 본질적인 규칙이에요. 현상은 본질에 영향을 미치고 본질은 현상을 결정해요. 물의 형태(액체 상태의 물, 고체상태의 얼음, 기체상태의 수증기)가 어떻게 달라지든 H_2O라는 화학구조는 변하지 않아요. 사람들도 서로 차이가 많이 나지만 사회적 존재라는 객관적인 사실은 변하지 않아요.

　사람은 사회적 동물, 이성적인 동물, 도덕적 동물이라는 것은 고대 부터 발견된 객관적 사실이에요. 어떤 사람들은 이것 모두가 인간의 본

질이라고 말해요. 이는 오랫동안 일어난 수많은 사건 이후 인간 스스로 얻은 결과 예요. 사회에서 살아가는 한 인간의 본질은 쉽게 변하지 않아요. 사회적 존재로서 인간은 자연스럽게 다른 사람과 관계를 맺으며 살아가요. 사회는 사람의 모든 행동

도덕적 동물로서 인간은 선과 악이 무엇인지 제대로 알고 권선징악의 규범에 따라 행동해야 해요.

을 결정해요. 이성적인 존재로서 인간은 자신의 동물적 본능을 극복하기 위해 노력해요. 하지만 원하는 것을 모두 얻을 수는 없죠. 또 법규와 질서를 따라야 해요. 도덕적 동물로서 인간은 선과 악이 무엇인지 제대로 알고 권선징악(착한 일을 권하고 악한 일을 나무람)의 규범에 따라 행동해야 해요. 부끄러움을 느끼고, 사랑하는 마음을 가지며, 예절을 따르는 것이 바로 인간으로서 지켜야 할 최소한의 도덕규범이에요.

우리가 사는 세상은 참 복잡하고 어지러워요. 빠르게 변하는 사회에서 도덕의 가치는 이미 땅에 떨어졌고 사람들을 유혹하는 것은 사방에 널려있어요. 좋은 사람과 나쁜 사람, 친구와 적을 한눈에 구분하기도 어렵죠. 좋은 사람이라고 생각했던 사람이 갑자기 강도로 변해 살인을 하거나 끔찍한 범죄를 저지른다거나 어제의 친구가 오늘날의 적이 되어 나타나는 일은 우리를 혼란스럽게 만들어요. 사실 좋은 일을 하는 사람이든 나쁜 일을 하는 사람이든 모두 나름의 이유가 있지만 진실을 알기란 쉽지 않아요. 하지만 착한 사람이 갑자기 나쁜 사람으로 변했다면 많은 이유가 있을 거예요. 개인적인 이유(돈에 대한 욕심), 다른 사람으로 인한 이유(협박과 회유), 가정환경으로 인한 이유(잘못된 가정교육), 사회적인 이유(대물림되는 가난) 등이 있어요.

인간이 갑자기 나쁜 일을 저지를 경우 쉽게 발견(대낮에 길거리에서 강도짓을 하는 등)되기도 하지만 그렇지 않은 경우(몰래 도둑질을 하는 등)도 있어요. 그들은 목적을 달성하기 위해서 또는 사람들의 눈과 귀를 속이기 위해 수많은 거짓행동을 해요. 첫째, 좋은 친구로 가장해서 듣기 좋은 말을 늘어놓아요. 가까운 사이처럼 다가와 상대의 경계심이 풀어져 틈

이 생기기를 기다려요. 둘째, 경찰로 위장해 신분증 조사를 한다는 핑계로 협박하고 순순히 복종할 것을 요구해요. 셋째, 자신이 정부 고위관료의 자녀나 친척이라고 속이고 돈만 주면 불가능한 일도 가능하게 만들어주겠다고 회유해요. 넷째, 자신이 무슨 병이든 고칠 수 있는 뛰어난 의사라고 떠벌리며 진찰을 받게 하고는 거액의 돈을 뜯어내요. 이 밖에도 그들은 수많은 수법으로 호시탐탐 주변을 맴돌며 사람들을 유혹해요.

'현상'에서 '본질'을 찾기 위해서 철학자들은 효과적인 인식방법을 사용했어요. 바로 감성적 인식을 이성적 인식으로 발전시키는 방법이에요. 감성적 인식은 우리가 직접 보고 들은 내용을 말해요. 이는 아주 풍부하고 구체적이지만 엉킨 실타래처럼 매우 복잡하고 어지러워요. 이런 내용을 정리하고 비교, 분석하는 것이 바로 이성의 역할이에요. 사기꾼이 아무리 고수라도 빈틈은 있어요. 큰소리치는 것은 사기꾼들의 전형적인 수법이죠. 그런 말만 믿지 않아도 사기를 당하지는 않을 거예요. 큰소리는 사기꾼들이 보여주는 '현상'이고 그들이 재물을 탐하고 목숨을 해치는 것은 그 이면에 숨은 '본질'이예요. 평소 큰소리치는 사람이 있다면 유심히 관찰할 필요가 있어요. 무슨 일이든 겉모습은 복잡하고 이해하기 어려워요. 겉모습만 보고 판단하는 사람들은 사기꾼들의 먹잇감이 되지만 겉모습에 흔들리지 않는 사람은 사건의 본질을 볼 수 있어서 사기를 당하지 않아요.

큰소리치는 것은 사기꾼들의 전형적인 수법이죠.

나는 왜 이렇게
못생겼어요?

못생긴 얼굴은 확실히 기분 좋은 일은 아니에요. 어느 인터넷기사에 좀 심하게 못생긴 청년에 대한 이야기가 실린 적이 있어요. 그 청년은 새우눈에 돼지코, 뻐드렁니였어요. 청년은 자기가 결혼을 못하는 것도, 제대로 된 직장을 못 구하는 것도 다 못생긴 얼굴 때문이라고 괴로워하며 그렇게 못나게 낳아준 부모를 원망했대요. 그러던 어느 날 청년은 스스로 분을 못 이기고 충동적으로 어머니를 칼로 찔렀다는 거예요.

사람들은 청년이 너무나 슬퍼한 나머지 이성을 잃고 미쳐버린 것이라고 말하겠죠. 하지만 어떻게 결혼 못한 책임을 어머니에게 돌릴 수 있나요? 그렇게 생각한 청년은 너무 어리석었어요.

다른 못생긴 얼굴을 가진 사람들도 남모르게 가슴앓이를 하지만 그렇다고 청년처럼 어리석은 짓을 하지는 않아요. 세상에는 못생기게 태어나서 스스로 불운하다고 생각하며 평생 열등감 속에서 좌절하는 사람도 있지만 자신의 잠재능력을 발견해내고 내면의 아름다움을 가꾸거나 자기만의 특기를 만들어 외모의 콤플렉스를 극복하는 사람도 많아요. 요즘에는 성형수술과 같은 후천적인 노력을 통해 아름다워지려고 하는 사람도 있어요.

사실 남자든 여자든, 자기가 바라는 얼굴로 태어나지는 못해요. 모든 부모는 자신의 아이가 누구보다 예쁘게 태어나서 예쁘게 자라기를 바라지만 그들이 할 수 있는 일은 아무것도 없어요.

현대 생물유전학의 입장에서 보았을 때 여러분은 여자인가요, 남자인가요? 여러분은 예쁘게 생겼나요, 못생겼나요? 이런 모든 것은 부모의 유전자와 염색체로 결정돼요. 즉 사람의 신체와 외모는 어머니의 뱃속에서 이미 결

살다보면 마음대로 되지 않는 일도 많아요.

정되는 거죠.

살다보면 마음대로 되지 않는 일도 많아요. 예를 들어 멋진 농구선수가 되고 싶은데 키가 작고 말랐다거나, 갖고 싶은 것이 너무 많은데 가난한 집에서 태어나 가질 수 없는 경우도 많죠. 같은 반에 좋아하는 친구가 있는데 그 친구는 아무런 관심도 보이지 않거나 여러분을 싫어할 수도 있어요.

사실 우리가 괴로운 이유는 모든 일이 자신이 원하는 대로 되지 않기 때문이에요. 사람은 언제나 자신이 할 수 있는 것보다 많은 것을 바라기 때문에 끊임없이 고민하고 괴로워해요. 지식은 우리에게 무엇이 가능하고, 무엇이 불가능한지를 말해줘요. 인간이 대자연의 법칙을 이긴다는 말은 꿈에 불과해요. 인간은 우주의 일부분일 뿐이고 자연의 법칙에서 벗어날 수 없어요.

나는 왜 이렇게 못생겼을까요? 사실 이밖에도 세상에 궁금한 것들은 아주 많아요. 꽃은 왜 봄에 피나요? 겨울은 왜 그렇게 춥나요? 철수는 왜 나쁜 사람이 되었을까요? 이런 일들을 하나하나 따져보면 사건이 일어나게 된 결정적인 원인을 찾을 수 있어요. 예로부터 온 종일 생각만 하는 철학자든 그렇지 않은 사람이든 자신의 경험을 통해 사건이 발생하는 이유와 인과법칙을 찾아냈어요. 불교는 인과응보 사상이 생긴 이유를 설명해 주었어요. 그래서 널리 유행했죠. 불교는 착한 일을 하면 보답을 받고 나쁜 일을 하면 천벌을 받는다고 주장했어요. 결정론은 심오한 철학사상보다 쉽고 분명한 이론이에요.

원인은 결과를 가져오고 결과에는 원인이 존재해요. 모든 일에는 이유가 존재하며 사물이 생겨나고 사라지는 것 역시 조건이 맞아 떨어졌기 때문에 가능한 거예요. 이런 원인과 조건은 우리가 쉽게 발견할 수 있는 것도 있지만 영원히 알 수 없는 것도 있어요.

탁자에 있던 책이 땅으로 떨어진 이유는 집에서 기르는 고양이가 장난을 쳤기 때문이에요. 수학시험에서 떨어진 이유는 수학연산을 할 줄 모르기 때문이에요. 태희가 농구를 잘하는 이유는 농구에 빠져 매일같이 연습한 결과예요. 이런 일들이 발생한 이유는 확실하고 쉽게 이해할 수 있어요.

하지만 쉽게 이유를 찾을 수 없는 일들도 많아요. 암이 발병하는 이유나 천재 예술가가 세상을 놀랄만한 작품(베토벤의 음악 등)을 만들 수 있는 이유, 거대한 공룡이 갑자기 멸종한 이유가 그래요. 암의 원인에 대해서는 이미 연구를 시작했지만 효과적인 치료방법은 밝혀지지 않았어요. 천재 예술가들의 작품 앞에서 감동의 눈물을 흘리는 사람은 많지만 그들의 신비한 비밀을 푼 사람은 아무도 없어요. 공룡의 멸종 역시 다양한 추측이 있을 뿐이에요.

세상 모든 일은 우연일까요, 필연일까요? 우리가 겪은 사건들은 우리 스스로 결정한 것일까요, 하늘이 정해준 것일까요? 최초의 인류가 바라본 세상은 호기심과 공포의 대상이었어요. 따라서 그들은 신이라는 가상의 존재를 만들어 모든 일의 원인을 설명하고자 했어요. 지구상에 발생하는 모든 일은 신이 결정해 놓았고 모든 사건의 배후에는 '보이지 않는 손'이 있다고 믿었어요. 단순하게 신을 숭배하던 마음이 종교로 변하고 신이 모든 것을 결정한다는 전통 사상이 생겨났어요.

또한 고대의 천문학, 수학, 물리학, 식물학에서 사람들은 과학적 사고를 통해 우주의 생성원인을 탐구하기 시작했어요. 여기서 과학결정론이 등장했어요. 물론 신학과 과학 이외에 철학도 우주의 근원을 계속 연구했어요. 철학은 근거 없는 말을 믿지 않았으며 정해진 답을 순순히 받아들이지 않았어요. 철학자들은 세계에는 물질이든 정신이든 상관없이 결정적인 힘이 존재한다는 '결정론'과 모든 사건은 우연히 생겨났다는 '비결정론'으로 나뉘었어요.

많은 철학자는 모든 사건의 변화에는 그것을 결정하는 존재가 있으며 우리가 지금 이 세계에서 사는 것도 분명히 이유가 있다고 믿었어요. 모든 변화에는 정해진 운명이 있어요. 사람들은 세상에 우연히 발생한 일들을 설명할 방법이 없기 때문에 결정론적 관점을 받아들였어요. 결정론은 역사적으로 쉬지 않고 등장했고 이미 사람들 의식 속에 굳게 자리 잡았어요.

물론 철학자들이 비결정론을 완전히 생각하지 않은 것은 아니에요. 일부 철학자들은 인간의 자유의지(자신의 행동과 결정을 통제할 수 있는 능력)와 주관성을 강조했으며 우연히 발생하는 일들에 주목했어요. 그들은 인간은 선택권을 가지고 있어서 자신이 좋아하는 일을 할 수 있다고 생각했어요.

어떤 일들은 우연히 발생하기도 하는데 날씨의 변화가 대표적이에

어떤 일들은 우연히 발생하기도 하는데 날씨의 변화가 대표적이에요. 태풍이나 폭우가 발생하는 이유는 너무 복잡하고 다양해서 정확한 일기예보는 할 수 없어요.

요. 태풍이나 폭우가 발생하는 이유는 너무 복잡하고 다양해서 정확한 일기예보는 할 수 없어요. 이밖에도 우연히 일어나는 일들은 수없이 많아요. 의사들은 담배를 계속 피우면 폐암에 걸릴 수 있다고 경고하지만 폐암 환자 중에는 평생 담배를 한 번도 피워본 적이 없는 사람도 많아요. 반면에 평생 담배를 입에 물고 살아도 폐암에 걸리지 않은 사람도 많아요.

나는 왜 이렇게 못생겼을까요? 결정론적 관점에서 보면 내 얼굴은 태어나기도 전에 부모의 유전자에 의해 결정되었으며 성형수술 등 인위적인 방법을 동원하지 않는 한 변하지 않아요. 비결정론적 관점에서 보면 내가 못생기게 태어난 이유는 부모의 유전자에 변이가 발생했기 때문이에요. 부모님의 외모는 준수했는데 어머니가 임신 중에 음식을 잘못 먹었다는 등 우연히 발생한 사건으로 유전자 변형이 이루어진 거예요.

두 자매의 선택

어릴 적에는 누구나 세상 모든 일에 관심을 가지며 호기심 가득한 시선을 보내요. "달이 점점 둥글게 변하는 이유는 뭐예요?" "앵무새는 어떻게 사람과 대화를 해요?" "무서운 지진은 왜 일어나요?" 어린 아이의 눈으로 바라본 세상은 신기한 것들로 가득해요.

어른이 되면 "사람은 왜 사는 걸까?"라는 질문을 하게 될 거예요. 사람은 매일 밥을 먹고, 잠을 자고, 화장실을 가야 해요. 때로는 이런 일상이 귀찮아질 때도 있죠. 그럴 때면 "인간은 왜 밥을 먹어야 하는가?"라는 질문을 던져요. 사람이 잠을 자지 않아도 된다면 훨씬 더 많은 일을 할 수 있을 텐데 말이죠! 대부분의 사람은 초등학교를 거쳐 중학교에 가고, 대학에 입학해서 수업을 듣고, 숙제를 하며, 두근거리는 마음으로 시험을 봐요.

"사람은 왜 공부를 해야 해요?"라는 어린이들의 질문에 어른은 이렇게 대답해요. "공부를 하지 않으면 글을 읽거나 쓸 줄 모르고, 그런 사람은 직업을 구할 수 없기 때문이란다. 직업이 없으면 어떻게 먹고살 수 있겠어? 따라서 네가 좋아하든 좋아하지 않든 공부는 반드시 해야 하는 거야. 산다는 일은 그렇게 쉬운 일이 아니거든."

공부와 일에서 스트레스를 받은 사람들은 이런 질문을 던지게 돼요. "사람들은 왜 이렇게 피곤하게 사는 거지?" "사람은 도대체 왜 사는 걸까?" "늦잠을 자고 싶은데 왜 마음대로 잘 수 없을까?" "온 종일 배운 천문학과 수학은 어디에 써 먹어야 하지?" "학력이 높을수록 그 사람의 가치도 높아지는 걸까?" "인생의 즐거움이란 뭘까?" "어떻게 해야 성공할 수 있을까?"

가방을 메고 학교에 입학한 순간부터 머릿속은 이런 문제들로 가득 차 버려요. 하지만 문제의 해답을 미리 생각해 놓지 않으면 앞으로의 목표를 세울 수 없고, 열심히 살아 갈 힘을 잃고 말죠. 인생철학이란 인생의 의미에 대해 생각하는 거예요. 우리는 누구나 자신만의 생활태도와 인생철학을 가지고 있어요. 사람들 모두가 자신만의 인생철학을 가지고 산다면 가정이 평안하고, 신체가 건강한 것만으로도 만족할 수 있어요. 위대한 영웅들은 도전적인 인생철학을 가지고 있어서 자신의 목표를 달성하기 위해서라면 생명도 아까워하지 않았어요.

사람들은 종종 "목표를 정하면 절대 포기하지 않는 것이 바로 내 인생철학이다." "자유와 행복을 추구하는 것이 제 인생철학이에요." "끊임없는 도전이야말로 내 인생철학이야."라고 말해요. 부모나 가정 환경, 주변 환경, 친구 등은 우리의 생활태도에 큰 영향을 미쳐요. 사람이 서로 다른 이유도 바로 이런 생활태도 때문이에요. 멀리 떨어져 있는

우리는 누구나 자신만의 생활태도와 인생철학을 가지고 있어요.

사람뿐만 아니라 함께 자란 형제나 자매들끼리도 서로 다른 생활태도를 가지고 있어요.

옛날 어떤 자매가 있었어요. 두 사람은 부유한 가정에서 태어나 부모님의 사랑을 듬뿍 받으며 자랐고 좋은 학교에서 우수한 교육을 받았어요. 언니 마리의 성격은 내성적이고 소극적이었지만 일찍 철이 들어 부모님 말씀을 잘 따랐어요. 반면 동생 엘리자는 쾌활하고 명랑한 성격으로 스스로 결정하고 행동하기를 좋아했어요. 자매가 중학교에 다니고 있을 때 갑작스러운 사고로 부모님이 돌아가셨어요. 부모님은 많은 유산을 자매에게 공평하게 남겼어요.

시간이 흘러 대학을 졸업한 마리는 비서로 취직해 성실하게 일을 했어요. 절약이 몸에 밴 마리는 월급의 대부분을 저축했고, 부모님이 남겨주신 유산은 한 푼도 쓰지 않았어요. 마리는 자신을 치장하는 데에 돈을 쓰지 않았고 외출을 하거나 친구를 사귀지도 않았으며 남자친구도 없었어요. 그녀는 법률에 따라 결혼을 하면 재산을 공동소유로 바꿔야 한다는 이유로 결혼을 하지 않았어요. 돈을 모으는 일 이외에는 아무런 관심도 없는 그녀를 동생 엘리자는 구두쇠라고 놀렸어요.

엘리자는 대학을 졸업하고 바로 직업을 찾지 않고 부모님의 유산을 쓰며 앞날의 계획을 세웠어요. 그녀는 세계 일주를 하며 다양한 경험을 쌓고 싶었어요. 그녀는 아프리카, 아시아, 북아메리카를 거쳐 북극까지 발 닿는 곳이라면 어디든 자유롭게 돌아다니며 많은 체험을 했어요.

시간이 흘러 노인이 된 자매는 모두 자신의 인생을 돌아보며 감탄했어요.

세계 각지에서 새로운 사람을 만나 친구가 됐고, 남자친구도 많이 사귀었어요. 아름다운 경치를 보고, 맛있는 음식을 맛보았으며, 스릴 있는 경험도 했어요. 그녀는 새로운 지역을 갈 때마다 현지의 문화와 풍습에 주목했고 여행기를 신문이나 잡지에 기고했어요. 그녀는 세계 일주를 하며 가지고 있던 돈을 모두 써버렸지만 자유로운 여행에 매우 만족했어요.

시간이 흘러 노인이 된 자매는 자신의 인생을 돌아보았어요. 마리는 가정을 이루지 않고 혼자 지냈는데 노인이 되고 나니 남은 건 오로지 통장의 돈밖에 없었어요. 그녀는 평생 자신이 몸담았던 회사 근처를 떠나지 않았고 먹고 마시는 돈도 아까워했으며, 남자친구는커녕 그녀를 사랑한 사람조차 한 명도 없었어요. 그녀는 아무런 즐거움도 없이 무미건조하기 이를 데 없는 자신의 인생을 돌아보며 동생처럼 풍부한 경험을 쌓지 않은 자신을 후회했어요. 엘리자는 수중에 가진 돈은 없었지만 많은 추억을 간직하고 있었고 스스로의 삶에 만족했어요. 마리는 엘리자의 여행 이야기를 들을 때마다 돈 때문에 모든 것을 포기한 자신을 더욱 원망스럽게 느꼈어요.

철학적 관점에서 보면 언니 마리는 '소유'의 생활방식으로 재산 모으는 일을 인생의 목표로 삼았어요. 반대로 동생 엘리자는 '존재'의 생활방식으로 인생의 경험을 중요한 가치로 생각했어요.

돈은 사람들의 편의를 위해 존재하는 것이지 우리들의 삶을 마음대로 조종하거나 지배하는 것이어서는 안 돼요. 하지만 돈을 가장 중요한 것으로 착각하며 살아가는 사람들이 많아요. 우리는 어릴 적부터 돈은 매우 중요한 것이며 돈이 없으면 불행하고 돈이 있으면 행복하다고 배

위왔어요. 따라서 사람들은 돈을 벌려고 안간힘을 쓰고 돈을 삶의 목표로 삼기도 해요. 하지만 돈은 삶의 근본적인 이유가 아니에요. 부자들은 왜 그렇게 큰 번뇌에 빠질까요? 우리는 왜 열심히 살고도 어딘가 부족하다는 생각이 드는 걸까요?

고대 그리스 철학자 에피쿠로스는 사람들에게 돈, 권력, 명예에 집착하지 말라고 경고했어요. 사람은 가장 간단한 방법으로 기본적인 수요를 만족시켜야 하며 재물의 소유나 호화로운 삶을 너무 탐해서는 안 돼요. 인생의 행복과 즐거움은 마음의 균형에서 와요. 옛날부터 "분수를 지켜 만족할 줄 아는 자는 늘 즐겁다."라는 말이 있어요.

우리는 살면서 수많은 유혹 앞에서 스스로를 제어할 수 있어야 해요. 모든 일을 처리함에 있어 모자라지도 넘치지도 않는 중용(中庸, 지나치거나 부족함이 없으며, 어느 쪽에도 치우치지 않음을 뜻하는 유교의 개념)의 태도를 유지하는 것은 매우 중요해요. 돈이 하나도 없는 것도 안 좋지만 넘치도록 많은 돈만 가지고 있는 것도 좋지 않아요. 어떤 일이든 적당한 선을 찾는 건 어려운 일이에요. 이성을 중시하던 철학자들은 '중용'을 강조했고 인생의 모든 문제와 갈등 앞에서 균형점을 찾길 바랐어요. 사실 균형은 최고의 지혜이자 기본적인 인생 방향이에요.

삶의 균형을 유지하기 위해서는 자신의 인생을 위해 적절한 방식을 선택하고 스스로 안정을 찾아야 하며 지나치게 걱정을 많이 해서도 안 돼요. 옛날부터 돈과 권력은 사람을 불안하게 만들었어요. 철학자들은 항상 담백하고 단순한 인생을 꿈꾸지요. 물질에 대한 욕망으로 인한 문제와 갈등이 너무 많았기에 정신적인 안정을 찾은 것은 너무나 당연했어요. 모든 고대 철학자와 종교는 사람들에게 물질이나 세속적인 권력

철학자들은 항상 담백하고 단순한 인생을 꿈꿨어요.

의 유혹을 멀리하고 정신적인 자유를 찾으라고 가르쳐 왔어요. 도대체 행복은 어떻게 얻을 수 있을까요? 이를 위해 철학자들은 각각 도덕적 금욕주의, 도덕적 이성주의, 합리적 이기주의, 자유주의등을 제창했어요.

우리의 인생은 단순하게 한 마디로 말할 수 있는 것은 아니에요. 우리가 매일 부딪히는 문제는 돈 문제이든 감정적 문제이든 구체적이고 실질적인 선택의 문제예요. 인생의 선택권은 각자의 손에 달렸어요. 여러분은 앞에 나온 이야기의 언니가 될 수도 있고, 동생이 될 수도 있어요. 어떤 사람들은 돈이 무엇보다 중요하다고 생각하지만 어떤 사람들은 많은 경험을 쌓는 것이 더 소중하다고 생각해요. 사실 어떤 인생을 살아야 하는지는 중요하지 않아요. 정말 중요한 것은 행복하고 즐거운 인생을 사는 것이에요. 자신의 인생에 대해서 스스로 만족하고 행복하다면 그야말로 가장 가치 있는 인생이라고 할 수 있어요.

철학의 역사

오늘날 우리의 생활이 큰 변화를 겪게 되면서 현대철학 역시 다양한 변화를 맞이하고 있어요. 오늘날 철학은 심리철학, 존재철학, 실천철학, 자연철학, 역사철학, 사회철학, 기술철학, 생태철학, 문화철학, 정치철학, 예술철학, 음악철학 심지어는 경영철학, 비즈니스철학, 광고철학, 연애철학, 결혼철학 등으로 나뉘어요. 이처럼 철학은 끊임없이 세분화, 전문화되고 있어요.

철학은 2,500년 이상의 역사를 가진 매우 오래된 학문이에요. 철학의 역사가 인류 문명의 역사와 일치한다고 해도 틀리지 않을 거예요. 철학적 사고는 인류역사의 발전과 늘 함께 했고 인류의 발전에도 중요한 영향을 미쳤어요. 우리는 철학을 '시대정신'이라고 불러요. 철학이 한 시대의 정신을 대표하는 학문이라는 뜻이에요. 고대부터 오늘날까지 철학은 수많은 문제와 함께 발전해왔어요. 사람의 성장시기와 마찬가지로 철학도 유년기, 청년기, 장년기라는 발전과정을 거쳤어요. 오늘날 철학은 노년기에 접어들면서 수많은 문제에 부닥치고 있어요. 이제 철학 스스로 변하지 않고서는 발전할 수 없어요.

어릴 적 고민했던 문제와 어른이 되어 고민하게 될 문제는 분명히 다르지요. 오늘날 철학자들이 토론하는 철학문제와 고대 철학자들이 관심을 가졌던 문제도 서로 달라요. 이는 시대마다 각자의 생활환경과 인생경험이 다르기 때문이에요. 철학은 탄생 이후 문제에서 방법으로, 견해에서 주의로 변해왔어요. 철학은 우리에게 익숙한 공자사상과 플라톤사상에서 출발한다는 점에서 다른 학문과 차이가 있어요. 우리는 철학자들의 주요 사상을 통해 철학의 기본을 배웠어요. 철학이란 도대체 무엇일까요? 그 답은 철학자들이 쓴 책과 그들의 사상으로밖에 설명할 수 없어요.

어릴 적에는 보이는 모든 것이 신기한 호기심의 대상이었으며 세계가 어떻게 변하는지에 항상 흥미를 보였어요. 선조들 역시 세계의 기원과 인류의 출현에 관심이 많았죠. 그들은 눈을 크게 뜨고 세상을 바라봐야 한다고 여겼어요. 초기의 철학은 주로 세계의 본질과 삶의 의미에 대해 많이 생각했고 특히 형이상학적인 문제(세계의 기원과 본질)와 사회생활의 도덕규범(행동의 옳고 그름과 선악)에 대해 탐구했어요. 인류는 끊임없이 변하는 자연현상 앞에서 결정적인 역할을 하는 무언가가 있다고 생각했어요. 고대철학은 복잡하고 변화하는 세계를 이해할 수 있는 간단하면서도 변하지 않는 법칙을 찾고자 했어요. 선조들은 세상을 제대로 이해하는 것과 인생의 가치를 찾아야 안정된 삶을 누릴 수 있다고 생각했어요. 따라서 고대 철학은 존재론(우주세계 문제)과 인생론(인생사회 문제)을 주제로 했어요.

산업문명이 발달하고 자본주의가 출현한 근대의 철학은 봉건주의제도와 기독교 신학의 사상적 억압에서 벗어나기 위해 노력했으며 인간의 행복과 자유를 위해 목소리를 높였어요. 프랑스 계몽사상을 비롯한 근대 철학사상은 인식론을 발전시켰고, 인간중심 사상을 널리 알렸어요. '계몽'이란 사람이 미성숙한 상태에서 벗어나는 것을 뜻해요. 이성적인 사고를 하는 인간은 지식을 통해 자신과 세계를 이해했고 인간은 신이 아니라 스스로의 의지에 따라야 한다는 사실도 깨닫게 됐어요. 인간은 위대하고 지혜로운 존재예요. 셰익스피어(William Shakespeare)는 "인간은 우주의 지배자요 만물의 영장이다."라는 말을 남겼어요. 르네상스 시기 인간은 재능과 총명함을 크게 발휘했고 인간의 쾌락과 욕망 역시 크게 만족시켰어요.

20세기에 접어들자 철학의 위치가 크게 흔들리기 시작했어요. 철학은 하루가 다르게 발전하는 과학기술에 자리를 빼앗기고 말았어요. 학문의 영역이 점점 넓어지면서 사람들은 철학이 왜 있어야 하는지에 대해 의문을 가졌어요. 일부에서는 철학은 이미 생명을 다했으며 아무 쓸모없는 학문이라고 주장해요. 하지만 철학은 여전히 강한 생명력을 유지하고 있어요.

오늘날 우리의 생활이 큰 변화를 겪게 되면서 현대철학 역시 다양한 변화를 맞이하고 있어요. 오늘날 철학은 심리철학, 존재철학, 실천철학, 자연철학, 역사철학, 사회철학, 기술철학, 생태철학, 문화철학, 정치철학, 예술철학, 음악철학 심지어는 경영철학, 비즈니스철학, 광고철학, 연애철학, 결혼철학 등으로 나뉘어요. 이처럼 철학은 끊임없이 세분화, 전문화되고 있어요.

박학다식한
아리스토텔레스

우리가 사는 땅 위에서는 매일 새로운 일들이 일어나고 있어요. 사람들은 이에 흥분하기도, 두려움을 느끼기도 해요. 새로 등장한 낯선 일들을 이해하기 위해서는 많은 노력이 필요해요. 철학사상의 등장과 인류의 호기심은 밀접한 관련이 있어요. 호기심은 언제나 문제를 불러와요. 이해할 수 없는 문제가 많아지면서 우리는 사고하게 됐고 체계적인 사고는 철학이론을 탄생시켰어요.

고대철학자들은 다음과 같은 두 가지 문제에 관심을 가졌어요. 첫째는 우주의 기원과 본질 즉, 우주의 창조자에 관한 문제이고, 둘째는 인간의 본성과 인생의 의미 즉, 인생의 가치에 관한 문제예요. 다시 말해 만물의 근원과 의미가 모든 고대 철학 발전의 이론적 토대가 되었어요.

고대 철학자들은 어린아이와 같아서 뭐든지 말하고 생각하며 문제를 탐구하는 것을 좋아했어요. 그들은 자신의 상상력을 최대한 발휘하

여 번뜩이는 주장을 제시했어요. 만물의 본질과 의미를 밝히기 위해 위로는 천문에서 아래로는 지리까지 모든 학문을 탐구했어요. 그리고 크게는 태양에서 작게는 곤충에 이르기까지 세상의 모든 것을 따지고 연구했어요. 고대 철학자를 생각하면 대학자의 모습이 떠올라요. 그들의 머리는 마치 모든 것을 담은 백과사전과 같아요. 고대 철학자는 인류지식의 개척자로서 눈앞에서 일어나는 모든 일을 명확히 밝히고자 했어요.

그중에서도 고대 그리스 철학자 아리스토텔레스(Aristotle)는 대표적인 인물이에요. 그는 후손들을 위해 많은 책을 남겼어요. 대표작으로는 《형이상학》, 《물리학》, 《정치학》, 《수사학》, 《시학》, 《니코마코스 윤리학》, 《천체론》, 《삶과 죽음에 대하여》, 《동물지》, 《식물에 대하여》, 《기억과 상기에 대하여》, 《감각과 감각되는 것에 대하여》, 《기계학》, 《가정학》, 《아테네 학》 등이 있어요. 그가 쓴 책들은 모든 분야를 넘나들어요. 정말 감탄할 수밖에 없죠.

아리스토텔레스는 플라톤의 제자이자 마케도니아 왕국 알렉산더(Alexandros) 대왕의 스승이었어요. 알렉산더는 "나는 나의 스승을 사랑하지만 진리를 더욱 사랑한다."라는 유명한 명언을 남겼어요.

아리스토텔레스는 세상의 진리를 추구하는 일을 인생의 목표로 삼았고 세계를 관찰하고 사고하기를 멈추지 않았어요. 그의 학문은 다른 것들과 비교할 수 없어요. 오늘날 우리가 자주 듣는 대학 전공분야의 이름도 그가 만든 거예요. 형이상학, 심리학, 윤리학, 논리학, 정치학,

고대 그리스 철학자 아리스토텔레스는 후손들을 위해 많은 책을 남겼어요.

경제학, 물리학, 기상학 등이 이에 속해요. 그가 제시한 이론과 개념은 오늘날 상식으로 자리 잡았어요. 예를 들면 본질, 속성, 동기, 에너지, 목적, 형식, 범주, 귀납 등이 있어요. 우리가 지금 배우고 사용하는 형식 논리학과 일반적 추론방법 역시 아리스토텔레스의 위대한 공헌이에요. 고대사회에서 그는 지식의 최고 권위자였어요. 심지어 그의 스승 플라톤은 그를 '세상을 결정하는 지자(知者)'라고 불렀어요.

아리스토텔레스는 먼저 다음과 같은 질문을 던졌어요. 존재란 무엇인가? 존재의 근원은 무엇인가? 우리가 보는 모든 것은 어디에서 왔는가? 태양과 인류의 존재는 같은 종류인가? 그는 눈앞에 보이는 것만이 존재의 전부가 아니라고 생각했어요. 예를 들어 눈앞의 나무는 겉으로 보이는 모습으로 존재하고(튼튼한 줄기와 초록의 나뭇잎) 보이지 않는 것으로도 존재해요.

그는 모든 만물이 원료, 동력, 형식, 목적의 네 가지 원인으로 결정된다고 주장했어요. 우리가 집을 짓는다고 생각해봐요. 원료는 땅 위의 벽돌과 진흙, 철강, 유리 등 건축자재를 의미해요. 이런 원료가 있다고 저절로 집이 만들어지지는 않아요. 동력은 설계사와 목수가 도구를 사용해 벽돌과 진흙으로 벽을 세우고 지붕을 만드는 것을 의미해요. 형식은 설계도와 건축규격에 맞춰 집을 짓는 것을 뜻해요. 마음대로 재료를

그는 눈앞에 보이는 것만이 존재의 전부가 아니라고 생각했어요.

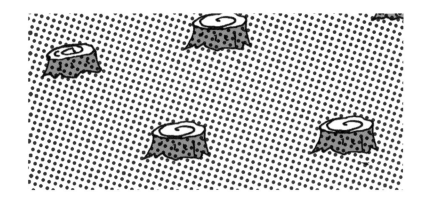

사용해서는 안돼요. 목적은 집주인의 목적과 용도에 맞춰 집을 짓는 거예요.

아리스토텔레스는 인간의 존재에도 관심을 가졌어요. 그는 사람을 정치적인 동물이자 이성적인 동물이며, 도덕적인 동물이라고 정의했어요. 당시 민주정치제도가 발달했던 아테네는 시민권을 가진 남성들이 사회활동에 적극적으로 참여했는데 어쩌면 그런 영향으로 아리스토텔레스 역시 인간이 사회적 존재라는 생각을 하게 되었지요.

그는 인간과 동물이 다른 이유는 인간만이 이성적으로 행동하고 옳고 그름과 선과 악을 판단할 수 있기 때문이라고 생각했어요. 사람들은 살면서 수많은 실수와 잘못을 저지르지만 자신의 행동을 바로잡아 문제를 해결하고 균형을 찾아가기 위해 노력해요.

중용(절제와 정도) 사상은 아리스토텔레스 학설의 핵심이에요. 그는 사람은 분수를 지켜야 하며 욕망을 만족시키되 지나쳐서는 안 되고 행동 하나하나를 절제해야 한다고 주장했어요.

그렇다면 사람은 어떻게 해야 냉정하게 일을 처리하고 충동적으로 행동하지 않을 수 있을까요? 가장 중요한 것은 이성적인 사고와 논리적인 판단력을 갖추는 거예요. 아리스토텔레스는 지식이 인생을 결정하고 정신이 인성을 결정한다고 주장했어요. 우리가 공부하는 이유는 논리적인 추론방법에 따라 어지러운 사고를 하지 않고 잘못을 저지르지 않기 위해서예요. 따라서 어느 한 쪽으로 치우치지 않고 모든 방면을 공부해야 해요. 그런 방법에 따라 아리스토텔레스는 지식 영역을 개척하고 박학다식한 철학자가 될 수 있었어요.

프랑스의
계몽사상가

'계몽운동'에 대해 이야기하기에 앞서 '계몽'이란 두 글자의 의미에 대해서 살펴보아야 해요. 영어로 '계몽(Enlightenment)'은 인간이 어리석은 상태에서 벗어나 깨달음을 얻는 것 즉, 지혜를 얻기 위해 성숙해지는 것을 의미해요. 한자어로 '계몽(啓蒙)'은 초등교육을 통해 지식을 배우고 보급하는 것을 의미하며 시야가 넓어진다는 뜻도 있어요. 고대 중국에서는 글자를 배우고 책을 읽는 것을 계몽교육으로 보았어요. 다시 말해 책을 읽고 글자를 쓸 줄 알면 문화적 교양과 사람으로서의 자격을 갖추었다고 여겼어요.

독일의 대철학자 칸트(Immanuel Kant)는 사람들이 미성숙한 상태에서 벗어나 더 이상 남의 지도에 따라 행동하지 않고 자신의 이성으로 시비와 선악을 판단하는 것이 '계몽'이라고 정의했어요. 자신의 이성으로 사물을 인식하고 판단하는 것으로 자신의 눈과 자신의 생각을 믿고 스스로 행복을 찾는 거예요.

　예전부터 종교는 인간의 탐구정신을 가로막았고 절대군주의 권위는 사상적 발전에 걸림돌이 되었어요. 사람들은 하느님의 구원을 기다리는 데 익숙해졌고 군주의 명령을 받는 데 길들여졌으며 순종과 복종은 너무나 당연하다고 생각했어요. 하느님을 믿는 사람은 신 앞에 무릎 꿇고 눈앞에 신이 나타나기를 손꼽아 기도했어요. 절대군주를 두려워하는 사람은 명령에 어긋나는 행동은 절대 하지 않았고 자신의 생각을 드러내지 않았어요. 그렇게 오랜 시간이 흐르자 사람들의 생각은 굳어지고 마음은 메말라갔어요. 중세를 '암흑의 세기'라고 일컫는 이유는 교회와 황제가 천여 년의 세월동안 사회를 억압하고 통제했기 때문이에요. 사람들은 속박의 굴레에서 벗어나지 못하고 자유로운 삶은 꿈도 꾸지 못했어요.

　서양 근대 철학은 이런 사상적 제약에서 벗어나 교회와 왕권 통치를 전복시키고 행복한 삶을 실현하기 위해 끊임없이 노력했어요. 철학자

중세를 '암흑의 세기'라고 일컫는 이유는 교회와 황제가 천여 년의 세월동안 사회를 억압하고 통제했기 때문이에요. 사람들은 속박의 굴레에서 벗어나지 못하고 자유로운 삶은 꿈도 꾸지 못했어요.

들은 사상해방을 위해 힘을 모아 근대 계몽운동을 일으켰어요. 계몽운동은 18세기 서양국가 특히 프랑스, 영국, 독일에서 전개된 사상문화운동이에요. 이는 봉건 전제(절대 왕정)와 신학사상의 울타리를 뛰어넘고 과학정신과 생명의 자유를 제창하며 근대 서양철학 사상을 이끌었어요.

중세 후기 서양에서는 르네상스시대가 열렸어요. 사회, 경제, 문화의 발전과 함께 기독교회가 세상을 지배하자 세상은 혼란에 빠져들었어요. 사람들은 인간의 권리를 쟁취하기 위해 힘썼으며 교회와 황제의 명령을 거부하기 시작했어요. 신학과 전통사상은 공격의 대상이 되었고 르네상스는 점차 인성(人性)을 부활시켰어요. 낡은 사고방식을 비판하고 깨뜨리려는 과정에서 계몽사상은 역사무대의 중심에 서게 되었고 유럽 각국에서도 대대적인 계몽사상운동이 전개되었어요.

계몽사상가들은 진리 탐구와 인성의 해방을 목표로 삼고 인류의 행복을 강조하며 자유, 평등, 박애의 사상적 기치를 내걸었어요. 계몽사상가들은 하느님을 숭배하는 대신 과학지식을 숭배했어요. 그리고 눈에 보이지 않는 세계를 거부하고 눈앞의 현실세계에 관심을 가지기 시작했지요. 그들은 신 중심주의를 버리고 인간 중심주의를 택했으며, 무지와 미성숙에서 벗어나 과학에 관심을 가졌고, 봉건주의 사상과 미신에서 벗어나 이성과 지식을 추구했어요. 따라서 인성의 해방을 부르짖으며 지식숭배를 새로운 시대의 철학목표로 삼았어요.

18세기는 계몽운동이 최고조에 올랐던 시기로 프랑스에서 수많은 계몽운동가가 등장해서 눈길을 끌었어요. 그 중에는 널리 이름을 떨친 유명한 사상가들이 많아요. 루소, 볼테르(Voltaire), 드니 디드로(Denis

계몽사상가들은 하느님을 숭배하는 대신 과학지식을 숭배했어요. 그리고 눈에 보이지 않는 세계를 거부하고 눈 앞의 현실세계에 관심을 가지기 시작했어요.

Diderot), 몽테스키외(Montesquieu), 홀바흐(Holbach), 엘베시우스(Helvetius) 등은 근대 계몽운동의 정신적 지주였어요. 그들의 철학 저서는 비평정신과 무신론적 유물주의로 꽉 차있었고 이를 통해 정의와 평등에 대한 의지를 드러냈어요. 그들은 봉건제도와 신학을 비판하고 인류의 행복과 자유를 가로막는 장애물을 제거하고자 노력했어요.

　프랑스 계몽사상가들은 철학을 비판의 도구로 삼고 인간의 이기심과 행복해지려는 욕구를 변호했어요. 사람들은 점차 종교의 구속에서 벗어났으며 절대 왕정이라는 굴레에서 해방됐어요. 계몽운동은 자유와 행복을 사상적 기치로 내걸었어요.

경험과학의
공격

영국 근대 철학자 베이컨(Francis Bacon)이 남긴 "아는 것이 힘이다."라는 명언은 오랫동안 수많은 사람들의 입에 오르내리고 있어요. 그는 지식을 가진 자는 무한한 힘을 가진 것과 같다고 생각했고, 대상을 인식할 수 있다면 대상을 제어할 수 있다고 믿었어요.

오늘날에는 "지식이 운명을 바꾼다." 혹은 "자신감만 있으면 꿈을 이룰 수 있다."라는 말을 흔히 들을 수 있죠.

봉건제도와 종교의 속박에서 벗어나면서 사람들의 창조력이 크게 발달했어요. 뉴턴의 물리학과 다윈의 생물학 등의 과학적 성과는 사람들의 생각을 송두리째 바꿔놓았고 사회도 큰 영향을 받아 변화하기 시작했어요. 과거의 사람들은 하느님만을 믿었지만 오늘날은 과학과 진리를 숭배해요. 과학기술이 나날이 발달하면서 과학은 진리의 대명사가 되고 있으며 진보와 같은 뜻으로 쓰이기도 해요. 어디에서나 찾아볼

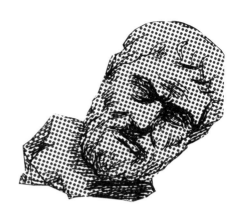

수 있는 과학은 사회에서 점점 중요한 위치를 차지하게 됐고 철학의 자리를 밀어내면서 철학과 과학 관계에 미묘한 변화가 일어났어요. 사람들은 철학자에게 야유를 보내고, 과학자를 존경해요. 겉으로 보기에 철학은 쓸모없는 학문 같은 반면에 과학은 매우 유용한 학문이니까요.

베이컨은 어릴 적 철학 서적 보기를 좋아한다는 이유로 가족에게 비난을 받았어요. 어른들이 보기에 물리학, 화학, 의학, 법학 등과 같은 실용적인 과학지식에 비해 철학은 그저 아무짝에도 쓸모없는 학문으로 비쳐졌어요. 철학자들은 수천 년 동안 세계가 물질로 이루어졌는지 정신으로 이루어졌는지를 토론하고도 결론을 내리지 못했어요. 게다가 철학은 현실적인 생활을 개선하는 데 아무런 도움이 되지 않았어요. 어른들은 베이컨에게 항상 실용적인 책을 읽으라고 타일렀어요.

사실 19세기 후반기부터 철학은 여러 경험과학의 공격을 받기 시작해요. 물리학 등의 자연과학은 어느새 훌쩍 커버린 아이처럼 부모의 보살핌과 통제에서 벗어나기 시작했어요. 각 경험과학은 독립하고 싶어 했고 심지어 철학과 분리되고자 했기에 철학은 홀로 집을 지키는 고아가 된 것 같았어요. 위기감을 느낀 철학자들은 철학이 살길을 찾아야 했어요. 과거 철학은 '지식의 백과사전' 혹은 '과학의 과학'이라 불리는 과학의 '제왕'이었어요. 하지만 오늘날은 과학지식에게 자리를 빼앗기고 말았어요. 앞으로 철학은 어떻게 해야 할까요? 과학에 의존해야 할까요, 아니면 다른 방법을 찾아야 할까요?

근대에 들어서자 영국의 산업혁명과 프랑스 대혁명이 일어나면서
과학과 민주주의가 현실적인 문제로 주목받기 시작했어요. 사람들은
점차 물질과 경험 등 눈에 보이는 것만을 중요하게 생각하기 시작했죠.

사람들은 철학자에게 야유를 보내고, 과학자를 존경해요.

그 결과 과학기술과 관련한 이론과 사상이 숭배되고 전통철학과 관련한 사상관념은 공격의 대상이 되었어요. 과학기술은 하루가 다르게 발전하고 있는 것과 달리 철학은 고여 있는 물처럼 정지해 있었기 때문이에요. 과학기술은 우리에게 실제적인 이득과 편의를 제공했고 철학은 끊임없는 토론 외에 아무런 의미도 가지지 않았어요. 철학은 추상적이고 큰 이치에 대해서 말했지만 사회가 필요로 한 것은 구체적이고 작은 이치였어요. 철학이론은 모순투성이었지만 사회는 모순과 갈등을 해소하고자 했어요. 따라서 철학을 포기할 것인지, 변화시킬 것인지는 현대 철학이 풀어야할 중요한 문제가 되었어요.

디지털 시대의 철학

몇 년 전 니콜라스 네그로폰테라는 사람이 쓴 《디지털이다 being digital》라는 책이 베스트셀러가 된 적이 있어요. 이 책은 디지털 시대가 시작됐음을 선언했어요. 주변을 한 번 돌아보세요. 디지털 시대가 이미 우리 눈앞에서 실현되고 있음을 느낄 수 있어요. 거실에 놓여 있는 디지털 HD 텔레비전, 교실에서 사용되는 멀티미디어 프로젝터, 전자게임기, 영화에 사용된 컴퓨터 그래픽, 음악 감상용 MP3 플레이어, 우리가 매일 사용하는 데스크톱 컴퓨터와 노트북 컴퓨터는 흔하게 볼 수 있는 디지털 제품이에요.

컴퓨터 기술이 끊임없이 발전하면서 우리의 학습방법도 다양해지고 있어요. 과거에는 책이나 선생님의 지식에만 의존했지만 오늘날에는 인터넷 검색엔진에 관련어만 입력하면 몇 초 만에 수십만 건의 자료를 찾을 수 있어요. 홍길동이란 이름을 검색하고 싶다면 검색창에 세 글자를 입력해 보세요. 이름을 입력하는 순간 한국에 거주하는 홍길동이라는 이름을 쓰는 사람을 수만 명이나 찾을 수 있어요. 재미있는 사실은 누군가 인터넷에 토론방을 만들고 주제만 띄워놓으면 수많은 누리꾼들이 몰려와 토론을 한다는 점이에요. 이밖에도 인터넷 온라인 게임에 빠져 사는 사람들도 쉽게 볼 수 있어요.

디지털 사회 혹은 인터넷 사회에서는 엄청난 지식이 흘러넘쳐요. 새로운 지식은 기하급수적으로 증가하고 낡은 지식은 휴지통에 버려지고 있어요. 인터넷이 원하는 정보를 빠르고 편리하게 찾아주기 때문이에요. 우주선의 발전 상황에 대해서 알고 싶다면 인터넷으로 미항공우주국(NASA)에 접속하여 관련 자료를 찾아보면 돼요. 오늘날 책이나 선생님의 가르침은 이미 세계의 변화속도를 따라가지 못해요. 어제는 진실이라 믿었던 사실이 오늘은 의심의 대상이 될 수도 있어요. 두뇌의 메모리를 늘리고 변화시키지 않으면 디지털 시대에서 뒤처지고 말 거예요.

컴퓨터 기술을 익혀 디지털 지식을 얻을 수 있다면 광범위한 지식을

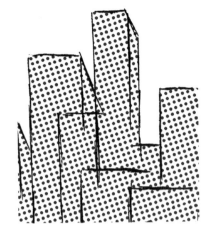

쌓을 수 있어요. 지식의 깊이는 보장하지 못하지만 다양한 정보를 접할 수 있어요. 연간 자동차 생산량이나 셔츠 수출량, 대학졸업생 수 등과 같은 데이터 등 어떤 정보든 마음만 먹으면 알아낼 수 있어요. 하지만 인터넷 공간에서는 모든 것이 숫자와 문자로 나타나기 때문에 사물의 본질이나 숨어있는 의미를 알 수 없어요. 사회가 빠르게 변하고 급속한 시장화가 이뤄지면서 사람들은 바쁘게 움직이고 있어요. 오늘날 생활리듬이 빨라지고 사회가 급속도로 변하면서 사람들은 생각할 시간을 빼앗기고 있어요. 게다가 모든 시스템이 간단하고 편리해져 머리 쓸 일이 줄어든 사람들은 점점 바보가 되어가요. 디지털 시대에 철학은 전혀 어울리지 않아요.

지식의 양이 폭발적으로 늘어나면서 철학은 점차 설 자리를 잃어가고 있어요. 철학은 현실에 아무런 도움이 되지 않는다는 이유로 사람들에게 외면당하게 되었어요. 철학을 조롱하고 멸시하며, 심지어는 철학을 부정하는 것이 유행처럼 번지고 있어요. '철학의 종말'이라는 말까지 나온 지금 포스트모더니즘(postmodernism, 1960년에 일어난 문화운동이면서 정치·경제·사회의 모든 영역과 관련되는 한 시대의 이념) 사상가들은 철학의 기초를 다시 세워야 한다고 주장해요. 그들은 철학을 부활시켜 다시 대중의 관심을 끌고 싶었어요. 그들의 노력 덕분에 오늘날 철학은 새로운 전환기를 맞이했어요.

철학은 더 이상 세계의 근원과 같은 심오한 문제를 탐구하거나 복잡한 이론체계를 세우기 위해 시간을 낭비하지 않으며, 실질적인 문제에

오늘날 생활리듬이 빨라지고 사회가 급속도로 변하면서 사람들은 생각할 시간을 빼앗기고 있어요.
모든 시스템이 간단하고 편리해져 머리 쓸 일이 줄어든 사람들은 점점 바보가 되어가요.

대해 토론하기 시작했어요. 오늘날 철학은 무엇을 할 수 있을까요? 철학은 사람들의 일상생활에 관심을 갖는 적극적인 모습을 보이고 있어요. 우선 최근 해외에서는 '철학 자문'이라는 이론 활동이 등장해 관심을 끌고 있어요. 이는 철학을 이용해 개인과 단체가 사상적인 장애와 문제를 극복할 수 있도록 돕는 일이에요.

이 밖에도 철학은 우리가 진실이라고 믿는 사실에 대해 끊임없이 의심하게 해요. 최근 빨라지는 현대인의 생활리듬에 발맞추어 그들의 삶도 개선되었을까요? 사회문명을 발전시키는 과학기술이 가져오는 부정적인 영향에는 어떤 것이 있을까요? 대형마켓에서 물건을 대량 구매하고 소비하는 데 익숙해진 현대인들의 무절제가 자원의 고갈을 불러오는 건 아닐까요? 이것은 바로 우리가 직면한 현실적인 문제에요.

철학은 사람들이 가지고 있는 여러 가지 편견과 고정관념을 없앨 수 있는 힘을 가지고 있어요. 과학이 아무리 발달하고 세분화되었더라도 서로 다른 측면에서 문제를 바라볼 뿐 종합적으로 생각하는 능력은 모자라요. 사실 사람들은 철학이 아무런 쓸모가 없다고 생각하면서도 한편으로는 철학을 통해 많은 것을 배우죠. 최근 재미있는 철학 서적들이 독자들의 사랑을 받고 있어요. 예를 들어 중국 철학자 펑여우란(馬友蘭)의 《중국철학사 中國哲學簡史》, 노르웨이 철학자 요슈타인 가아더(Jostein Gaarder)의 《소

시대가 변하고 생활모습이 변하고 관념이 변해도 생각한다는 것 자체는 변하지 않을 거예요. 사람들의 삶이 나날이
발전하고 좋아진다고 해도 철학의 종말은 오지 않을 거예요.

피의 세계 Sofies verden》, 영국 철학자 알랭 드 보통(Alain de Botton)의 《젊은 베르테르의 기쁨 The Consolations of Philosophy》과 같은 책은 철학이 여전히 재미있고 사람들의 사랑을 받을 수 있는 학문임을 보여주었어요.

시대가 변하고 생활모습이 변하고 관념이 변해도 생각한다는 것 자체는 변하지 않을 거예요. 사람들의 삶이 나날이 발전하고 좋아진다고 해도 철학의 종말은 오지 않을 거예요. 우리는 때로 많은 모순과 의혹 때문에 본질적인 문제에 대해 생각하지 않으려고 하지만 이런 문제는 우리들의 삶과 매우 밀접하게 연관되어 있어요. 학교에서 수업을 받거나 시험을 볼 때 우리는 성적이 왜 중요한지 생각해요. 친구들 혹은 부모님이 싸우는 모습을 보며 사람들은 왜 서로 싸우는지 고민하죠. 책에서 배운 지식과 우리가 경험으로 알게 된 지식이 전혀 다를 때 사람들은 교과서의 말을 믿어야 할지 눈앞에 보이는 것을 믿어야 할지 고민해요.

놀라움에서
시작하는
철학

절학에서 이야기하는 지혜는 바로 주장과 같은 뜻이라고 보면 돼요. 고대 그리스 철학자 아리스토텔레스는 생각은 사람을 변하게 하거나 명석하게 만들 수 있다고 했어요. 위기나 재난을 당했을 때 생각이 있는 사람은 공포와 두려움으로 유약해지지 않고 승부욕 때문에 일을 그르치지 않아요. 삶에는 정도가 있어야 하며 인간 관계에는 절제가 있어야 해요. 조리 있고 절도 있게 사는 일은 생각하는 일과 매우 밀접한 관련이 있어요.

우리가 사는 세계는 매우 크고 복잡하며 다양한 사람들이 모여 살고 있어요. 우리는 종종 이해할 수 없는 일들에 부닥치게 돼요.

친한 친구가 어떻게 거짓말을 할 수 있죠? 열심히 공부를 했는데 왜 내 성적은 다른 친구보다 낮은 걸까요? 사람은 왜 병에 걸리나요? 꿈은 왜 꾸는 거죠? 우리 집 강아지는 어떻게 사람 말을 그렇게 잘 알아들을까요? 비행기는 어떻게 하늘을 날 수 있나요? 하늘에서는 왜 눈이 오나요?

청소년 도서 《십만 개의 궁금증》은 이런 질문에 대한 답을 해주고 있어요. 사실 우리가 마음속으로 '왜?' 라고 묻고 싶은 것은 셀 수없이 많아요.

학교에서 우리는 국어, 수학, 영어, 물리, 화학 등을 배워요. 선생님이 가르쳐주시는 내용은 아주 기초적이고 상식적인 것으로 철학과 매

수동적인 학습방법에만 익숙해진다면 우리의 머리는 점점 굳을 것이고 시간이 흐르면 질문을 할 욕구조차 사라져
버릴 거예요.

우 동떨어져 있어요. 물론 일부 철학적인 내용을 가르쳐주긴 하지만 철학은 여전히 심오하고 어려운 학문이에요.

하지만 자세히 들여다보면 철학이 사용하는 개념이 추상적일 뿐 실제로 그렇게 어려운 학문은 아니에요. 기본적인 교과목을 공부하기 위해서는 정답과 법칙을 알면 되지만 철학은 표면적인 정답에 머물지 않고 그것이 어디에서 왔는지 생각해요. 철학은 '왜?'란 질문에 끝까지 탐구하는 학문이에요. 수학책에서 가르쳐주는 '2+2=4'라는 공식은 의심할 여지가 없으며 수동적으로 받아들이기만 하면 돼요. 하지만 철학은 공식이 어떻게 만들어졌는지 근원에 대해서 연구해요. 여기에서 수리철학과 철학 인식론이 나왔어요.

우리는 학교에서 교과서와 선생님을 통해 다양한 지식과 법칙을 배워요. 하지만 이런 수동적인 학습방법에만 익숙해진다면 우리의 머리는 점점 굳을 것이고 시간이 흐르면 질문을 할 욕구조차 사라져 버릴 거예요. 생각하지 않고 도망칠 궁리만 한다면 의문이 생기지 않아요.

머릿속으로 갈등하지 않으면 자극도 생기지 않으며 우리가 성장하는 데 아무런 도움도 되지 않아요. 학교에서 공부에 흥미가 있는 학생은 적극적으로 질문을 던져요. 여러 가지 질문을 하는 학생들은 공부에 재미를 느끼게 되고 자연스럽게 많은 지식을 쌓게 돼요. 사람들이 서로 다른 이유는 무엇일까요? 춘삼이는 왜 항상 규리보다 공부를 못 할까요? 그 이유는 생각을 하는가, 안 하는가에 달려있어요.

철학의 목적은 생각하는 데 있어요. 철학은 모든 일에 대해 '왜?', '어떻게?'란 질문을 던져요. 그렇다면 철학을 공부해야 하는 이유는 무엇일까요? 사실 철학을 배우기 위해서 지식이 많거나 아이큐가 높아야 하는 것은 아니에요. 단지 호기심과 분석하고 종합하는 능력, 그리고 진리에 대한 열정만 있으면 돼요.

작은 것에 크게
놀랐던 적이 있나요?

우리는 신기한 모습이나 일들을 보면 감동을 해
요. 도시에서 살던 사람이 시골에 가면 모든 것이
신기해 보여요. 주변의 산과 들이 너무나 아름다
워 보일 거예요. 마찬가지로 농촌에만 살던 사람이 거대한 도시에 가면
모든 것에 흥분할 거예요. 반짝이는 네온사인과 길게 늘어선 빌딩숲에
넋을 잃을지도 몰라요. 이때 주변 사람들은 "이까짓 거에 뭘 그렇게 놀
라니?"라는 말을 하지만 사실 철학을 하기 위해서는 작은 것에도 큰 호
기심을 보이는 태도가 필요하지요.

호기심이 강한 사람과 약한 사람의 차이점을 알아보는 실험을 해보
았어요. 그 결과 호기심의 정도가 사람의 사고능력과 철학사상에 직접
적인 영향을 미친다는 것을 알게 되었어요. 모든 사람은 호기심을 가지
고 있지만 정도에는 많은 차이가 나요. 호기심이 적은 사람은 표면적인

어떤 사람들은 오랫동안 그 자리를 떠나지 못하고 별들의 운동을 관찰하다가 중요한 발견을 하게 되죠.
코페르니쿠스나 갈릴레오가 바로 이런 사람에 속해요.

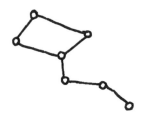

것에 집중하고 깊이 생각하지 않아요. 반면에 호기심이 강한 사람은 언제나 문제의 정답을 찾는 일에 집중해요. 사람들이 서로 다른 이유도 바로 여기에 있어요. 여러분은 호기심이 강한 사람인가요? 아니면 약한 사람인가요? 다음 세 가지 질문에 답해보세요.

실험 1 : 늦은 밤에 하늘의 별을 본 적이 있나요?

만약 그런 적이 없다면 한 번 해보세요. 쾌청한 날 밤에 교과서는 잠시 접어두고 밖으로 나가 조용하고 넓은 장소(광장이나 전망대도 좋아요)를 찾으세요. 고개를 들고 하늘을 바라보면(눈으로 봐도 되고 망원경을 사용해도 좋아요) 반짝이는 별들이 빠른 속도로 움직이는 모습이 보일 거예요. 운이 좋다면 북두칠성이나 별똥별을 볼 수도 있어요. 아름다운 밤하늘에 가득한 별들을 보고 있으면 무슨 생각이 떠오르나요?

어떤 사람들은 지구 이외의 별에 생명체가 있을 거란 생각은 하지도 못한 채 그저 신비롭고 아름다운 경치 앞에서 감탄사를 연발하고는 집으로 돌아가 잠이 들지도 몰라요. 그리고 더 이상 심오한 별들의 세계에 대해서 생각하지 않겠죠.

하지만 어떤 사람들은 하늘에 촘촘히 박힌 별들에 마음을 빼앗기고 감동의 차원을 넘어서 우주의 심오함에 대해서 탐구하고 싶은 충동을 느껴요. 그리고 오랫동안 그 자리를 떠나지 못하고 별들의 운동을 관찰하다가 중요한 발견을 하게 되죠. 코페르니쿠스(Nicholaus Copernicus)나 갈릴레오(Galileo Galilei)가 바로 이런 사람에 속해요. 여러분은 어느 쪽에 속하나요?

어릴 때는 호기심이 왕성하지만 어른이 되면 점점 희미해져요.

실험 2 : 바다에 가본 적이 있나요?

바다를 본 사람들은 모두 무한한 감동을 느껴요. 바다는 한없이 넓어 끝을 알 수 없고, 끊임없이 몰아치는 세찬 파도와 거친 물결은 깊이를 알 수 없죠. 여름 바다는 피서객으로 가득해요. 사람들은 파도와 모래사장 앞에서 무한한 기쁨을 느껴요.

새벽에 일어나 바다에 가보면 해수면에 출렁이는 황금빛 태양과 부서지는 파도소리를 들을 수 있어요. 그때 여러분은 기쁨으로 복받쳐 오를까요, 아니면 아무런 감흥도 느끼지 못할까요? 바다를 보고나서 혹시 시를 쓰지는 않았나요? 혹은 바닷물의 짠맛만 느끼고 돌아섰나요? 바닷가의 예쁜 조개에만 관심을 가지지는 않았나요?

만약 바다에서 수영하는 것만을 좋아한다면 바다의 힘에 대해서 생각해 보지 않았을 거예요. 마음을 가다듬고 오랫동안 바다를 바라보면서 파도소리에 귀 기울여보면 많은 생각이 떠올라요. 여러분도 바다에 나가 한 번 시도해 보세요. 바다의 무한한 힘과 감동을 느낄 수 있을 거예요.

실험 3 : 개미를 관찰한 적이 있나요?

도시의 아파트에서 컴퓨터와 텔레비전만 끼고 사는 사람들은 개미를 볼 기회는커녕 쭈그리고 앉아 개미의 행동을 관찰해본 적도 없을 거예요. 사람들은 바닥에 앉아 개미를 주의 깊게 관찰하는 사람을 보고 어딘가 정신이 이상한 사람이라고 생각할지도 몰라요.

절지동물(몸이 좌우대칭이며 각 마디에 관절이 있다)인 개미는 약 1억 년 전 지구상에 출현했어요. 개미는 번식능력이 강해서 쉽게 멸종되지 않아요. 관심이 있다면 꽃밭이나 공원, 가까운 숲으로 가 보세요. 조용히 앉아 관찰하다 보면 개미가 먹이를 운반하거나 새끼 새의 시체를 분해하는 모습을 볼 수 있어요.

개미는 사람처럼 사회를 이루고 사는 대표적인 곤충으로 단체생활을 통해 엄격한 사회분업 시스템을 구축하고 있어요. 믿지 못하겠다면 개미의 움직임을 자세히 관찰해보세요.

인간의 호기심은 나이가 들수록 줄어들어요. 어릴 때는 호기심이 왕성하지만 어른이 되면 점점 희미해져요. 호기심이 줄어들면 생각이 마비되고 어떤 일에도 흥미를 느끼지 못하며 감흥이 없어져요. 생각이 마비되면 삶도 고여있는 물처럼 정체되어 변화가 일어나지 않고 생기가 사라져요. 따라서 즐겁고 활기 넘치는 삶을 살아가기 위해서라도 우리는 호기심을 유지해야 해요.

책읽기를
왜 좋아하나요?

여러분은 독서를 좋아 하나요? 서점에는 얼마나 자주 가나요? 책 사는 것을 좋아하나요? 《짱구는 못 말려クレヨンしんちゃん》같은 만화책만 좋아하는 건 아니죠? 동화책과 과학서적 중에서 어떤 책을 더 좋아하나요? 세계적인 베스트셀러로 떠오른 《해리 포터 Harry Potter》시리즈는 다 읽어 봤나요? 여러분은 매일 자기 전에 책 읽는 습관이 있나요? 교과서 이외에 얼마나 많은 책을 가지고 있나요? 여러분은 책 모으기에 취미가 있나요?

책은 인간의 삶과 떼려야 뗄 수 없는 거예요. 우리의 몸이 먹고 자는 것을 필요로 하는 것처럼 우리의 두뇌와 마음도 책을 통해 영양분을 보충해야 해요. 독서는 생각이 크기 위해 반드시 필요한 영양분이에요. 독서를 즐기는 사람은 마음속에 희망이 가득해요. 반대로 독서를 좋아

우리가 직접 남극이나 북극에 갈 기회는 거의 없겠지만 탐험대가 찍어온 사진을 통해 남극이나 북극을 이해할 수 있어요.

하지 않는 사람은 자주 무료함을 느끼고 어리석은 행동을 저질러요. 독서는 사람을 지혜롭게 만들고 더욱 성숙하게 해줄 뿐만 아니라 많은 것을 가르쳐 줘요.

일반적으로 사람들이 지식을 얻는 방법은 두 가지예요. 하나는 경험을 통해 직접 보고 들어서 얻는 방법이에요. 또 하나는 간접적으로 책이나 다른 사람의 경험을 통해 얻는 방법이에요. 우리는 대부분의 지식을 책이나 다른 사람을 통한 간접적인 방법으로 얻고 있어요. 한 사람의 수명과 활동범위는 극히 제한적이라서 세상의 모든 것을 직접 관찰하고 탐구할 수는 없어요. 달을 탐사하거나 아프리카 원시림을 탐험할 수 있는 사람은 몇 명밖에 없어요. 우리가 직접 남극이나 북극에 갈 기회는 거의 없으며 탐험대가 찍어온 사진을 통해 남극이나 북극을 이해할 수 있을 뿐이에요. 마찬가지로 현재 사람들은 과거의 역사시대로 돌아갈 수 없으며 선인들이 남겨놓은 기록을 통해서 당시의 상황을 파악해요. 사람들은 책을 통해서 달의 모습을 확인했고 아프리카 원시림이나 북극, 남극 그리고 진시황(기원전 221년에 중국을 통일함)에 대해서도 배울 수 있었어요.

철학을 배우기 위해서는 자신의 생각 이외에도 과거 혹은 현재에 사람들이 어떻게 생각하는지를 알아야 해요. 인간은 어릴 적부터 자연스럽게 지식을 얻어요. 부모는 옹알이를 시작한 자식에게 자신이 알고 있는 지식을 가르쳐줘요. 부모님 역시 할머니, 할아버지에게서 지식을

부모는 옹알이를 시작한 자식에게 자신이 알고 있는 지식을 가르쳐줘요. 부모님 역시 할머니, 할아버지에게서 지식을 물려받았어요.

물려받았어요.

타인의 생각을 공부하면 더 많은 지식을 쌓을 수 있어요. 선조들의 경험과 인식은 우리를 먼 길로 돌아가게 하기도 하고 지름길로 안내하기도 해요. 여러분의 생각을 풍요롭게 키우기 위해서 어떤 책을 읽으면 좋을지에 대해 4가지 제안을 할게요.

제안 1 : 처음에는 요슈타인 가아더의 《소피의 세계》를 읽어보세요.

철학자가 쓴 책은 철학에 한 걸음 더 다가갈 수 있는 좋은 지름길이에요. 철학자의 책은 읽는 것만으로도 힘이 많이 들어요. 철학자는 자신의 독창적인 견해와 난해한 개념을 많이 사용하기 때문이에요. 이런 개념을 이해하기 어렵다면 철학자의 마음을 읽기 어려워요. 그의 사상을 더 잘 이해하기 위해서는 철학의 기본 개념을 익힐 필요가 있어요. 예를 들어 물질, 정신, 본질, 실체, 형상, 주관, 객관, 형이상학, 변증법, 의식, 자아, 경험, 존재 등이 있어요. 철학책은 한 권으로는 부족하고 여러 권을 읽어야만 어느 정도 이해가 되요. 철학책을 읽는 일은 매우 힘들지만 다 읽고 나면 큰 성과를 얻을 수 있어요. 철학책에는 철학자들의 사상이 녹아들어 있기 때문이에요.

제안 2 : 역사학자의 책을 읽어 보세요.

역사학자들은 책을 통해 어떤 사건의 과정과 자신의 생각을 정리해

동화, 만화, 소설, 시, 산문, 희극 등은 우리 마음속에 아름다운 왕국을 만들어 주어요.

놓았어요. 우주나 인간에 대한 지식도 그들만의 입장으로 기록해 놓았어요. 역사는 과거의 경험과 지혜를 포함하고 있어요. 우리는 선조의 실수와 경험을 통해 실수를 반복하지 않을 수 있고, 역사를 통해 철학과 지혜를 얻을 수 있어요.

제안 3 : 과학자가 쓴 책을 읽어 보세요.

과학서적은 우리의 시야를 넓히고 실험정신을 높이는데 실질적인 도움을 줘요. 예를 들어 프랑스의 곤충학자 파브르(Jean Henri Fabre)의 《파브르 곤충기 Souvenirs entomologiques》를 읽어보세요. 이 책은 우리를 더 넓은 생물 세계로 안내하며 재미있는 곤충들의 이야기를 들려주는 것은 물론이고 과학적 방법도 가르쳐 줘요. 과학은 끊임없이 진리를 탐구하면서 철학적 사고로 이끌어요.

제안 4 : 철학적 상상력을 키우기 위해 문학작품을 많이 읽으세요.

우리가 동화책이나 만화책을 좋아하는 이유는 무엇일까요? 시나 산문을 좋아하는 이유는? 이 안에 재미있는 상상의 세계가 펼쳐져 있기 때문이에요. 우리는 살면서 이해할 수 없는 많은 일을 겪게 되는데 상상력에 의존해야 할 때가 많아요. 동화, 만화, 소설, 시 등은 우리 마음 속에 아름다운 왕국을 만들어 주어요. 《톰소여의 모험》이나 《로빈슨 크루소》를 읽어 보면 다채롭고 신비한 세계를 경험할 수 있을 거예요. 우리는 동화나 시, 소설 속에서 철학을 배울 수 있어요.

공룡이 멸종한 원인은 무엇일까요?

풍요로운 인생과 좋은 인간관계를 위해서는 지혜가 필요해요.

삶의 지혜와 인간관계의 노하우를 쌓기 위해서는 많은 시간과 노력이 필요해요. 사람과 사람 사이에 얽힌 문제를 풀어가는 과정에서 문제의 원인을 파악하고 분석, 종합할 수 있는 것은 중요한 능력이에요. 어른이 되면 더 이상 부모님이나 선생님에게 의존할 수 없으며 스스로 문제를 해결해야 해요. 교과서에서 모든 정답을 찾는다는 것은 불가능하며 점차 스스로 정답을 찾는 연습을 해야 해요.

공룡이 멸종한 원인에 대해서 한 번 생각해 볼까요? 여러분도 나름대로 원인을 분석하고 종합하여 정답을 도출해보세요.

모두가 알다시피 공룡은 2억 6천 년 전에 살던 파

도마뱀은 우리가 흔히 볼 수 있는 동물인데 공룡은 거대한 도마뱀이라고 보면 돼요.

충류예요. '공룡(dinosaur)'이란 단어는 그리스 어의 '무
서운 도마뱀'이란 말에서 기원해요. 도마뱀은 우리가
흔히 볼 수 있는 동물인데 공룡은 거대한 도마뱀이라
고 보면 돼요. 중생대에 서식하던 공룡은 거대한 몸집

으로 육지를 지배했고 나머지 동물들은 모두 공룡을 두려워했어요. 하
지만 공룡은 백악기 말 갑자기 지구상에서 멸종되었어요. 과학자들은
그 원인에 대해 아직도 토론을 멈추지 않아요. 일부 과학자들은 공룡의
멸종은 지구의 조산 운동(산맥을 형성하는 지각 변동) 때문이라고 생각했으
며, 일부는 운석이 지구와 충돌했기 때문이라고 주장하고, 일부는 지
구의 기온이 떨어진 것이 직접적인 원인이라고 말해요. 이 밖에도 공룡
의 멸종 원인에 대해서는 여전히 다양한 가설이 나오고 있어요. 이런
가설은 모두 나름의 근거와 논거가 있어 각자 치열하게 대립해요.

공룡 멸종에 대한 자료를 조사하고 여러 과학자의 가설을 비교, 분
석하여 자신의 주장을 제시해 보세요. 이런 학습방법은 여러분에게 큰
재미와 함께 성취감이라는 부상도 안겨줄 거예요. 다음은 참고할 만한
연구순서인데 시도해 본다면 좋은 성과를 얻을 거예요.

1단계 : 누구나 공룡의 생김새를 알고 있을 거예요. 공룡 장난감이나
공룡 영화, 또는 박물관에서 공룡 모형을 본 기억이 있죠? 책상에 공룡
모형을 올려놓고 자세히 관찰해 보세요. 분명히 어떤 느낌을 받을 거예
요. 그리고 나면 서섬이니 도서관, 인터넷에서 공룡의 속성, 종류, 습성
등에 관한 자료를 수집하세요.

2단계 : 수집한 자료를 정리하고 자세히 분류하세요. 그런 과정을 통
해서 기후변화설이나 조산 운동설, 운석충돌설 등 공룡의 멸종원인에

대한 방향을 정해요. 여러 과학자의 가설은 여러분 주장의 근거가 되거나 좋은 참고가 될 수 있어요. 중요한 것은 과학자의 가설이 어떤 근거를 바탕으로 하는지를 제대로 아는 거예요. 여러분은 일부 과학자의 가설에 동의할 수도 동의하지 않을 수도 있어요. 만약 자신의 주장을 가지고 있다면 왜 그렇게 생각하는지 충분한 근거를 마련하고 대담하게 자신의 의견을 내세울 수 있어야 해요.

3단계 : 과학의 참된 지식은 대담한 가설에서 시작돼요. 여러분의 대담한 가설을 증명하기 위해서는 연구의 요점을 정리해야 해요. 이를 위해 주변의 자료를 활용할 수도 있고 다른 사람의 연구 성과를 참고할 수도 있어요. 하지만 가설에는 뒷받침할만한 근거가 있어야 하고 논리적이며 설득력이 있어야 해요.

4단계 : 마지막으로 자신의 관점에 따라 그럴듯한 연구논문을 제출해야 해요. 이런 분석적 사고는 남의 의견에 좌우되지 않는 자신만의 주장을 갖도록 도와줘요. 이후 어떤 문제에 직면하게 되더라도 이런 분석적, 종합적 사고방식으로 문제를 해결할 수 있어요.

분석적이고 종합적인 사고방식은 삶의 중요한 지혜이자 인간관계에 반드시 필요한 능력이에요. 문제를 해결하기 위해서는 냉정하게 문제를 분석해야 하고 객관적이고 전면적으로 생각해야 해요. 철학적 사고를 통해 우리는 눈앞의 문제에 냉정하고 지혜롭게 대처할 수 있어요.

분석적이고 종합적인 사고방식은 삶의 중요한 지혜이자 인간관계에 반드시 필요한 능력이에요.

여러분은 자기 주장을
가지고 있나요?

우리가 실수를 저지를 때마다 어른들은 "머리를 안 쓰니 그렇지."라고 핀잔을 줘요. 우리가 우물 쭈물하다가 기회를 놓칠 때마다 친구들은 "넌 너무 우유부단해."라고 비난해요. 인간의 두뇌는 신체를 지휘하는 역할을 맡고 있지만 종종 어떤 선택을 할지 결정하지 못할 때가 있어요. 싸우는 사람들을 보고 뒤로 피해야 할지, 앞으로 피해야 할지 빨리 선택하지 못하거나 낯선 지역의 십자

로에서 왼쪽으로 갈지 오른쪽으로 갈지 우물쭈물거릴 때가 있어요. 언제 어디에서나 똑 부러지게 자신의 주장을 내세우기란 말처럼 쉬운 일이 아니에요. 주장을 가졌느냐는 우리가 생각을 가졌느냐 혹은 생각을 하고 있는가와 관련된 문제예요. 철학은 자신의 주장을 펴는 방법을 배우는 학문이에요.

여러분은 삶의 중요한 목표가 있나요? 이는 주장을 가지는 전제조건이에요.

주장은 생각과 비슷한 의미예요. 생각이 있는 사람은 분명히 주장을 가진 사람이에요. 반대로 주장이 없는 사람은 생각을 가지고 있지 않아요. 주장이 있는 사람은 침착하며 허둥대지 않고 말과 행동이 정도를 넘어서지 않으며, 갈등을 제거하고 문제를 해결하는 데 중요한 역할을 해요. 주장이 있는 사람은 생각을 가지고 행동하며 합리적인 방법으로 문제를 해결할 줄 알기 때문이에요. 반대로 주장이 없는 사람은 문제에 부닥쳤을 때 머리를 써서 옳고 그름을 따지지 않고 감정에 치우친 판단으로 일을 망치기 일쑤예요. 학교나 친구들 사이에 반장이나 대장이 있는 이유는 그들의 주장이 특히 강하거나 사람들이 그들의 이야기를 잘 따르기 때문이에요. 살면서 일어나는 다양한 일들에 대응하기 위해서는 주장을 갖고 있어야 해요.

철학에서 이야기하는 지혜는 바로 주장과 같은 뜻이라고 보면 돼요. 고대 그리스 철학자 아리스토텔레스는 생각은 사람을 변하게 하거나 명석하게 만들 수 있다고 했어요. 위기나 재난을 당했을 때 생각이 있는 사람은 공포와 두려움으로 유약해지지 않고 승부욕 때문에 일을 그르치지 않아요. 삶에는 정도가 있어야 하며 인간관계에는 절제가 있어야 해요. 조리 있고 절도 있게 사는 일은 생각하는 일과 매우 밀접한 관련이 있어요.

그렇다면 이렇게 중요한 주장을 어디에서 찾을 수 있을까요? 어떻게 해야 주장을 얻을 수 있을까요? 간단히 말하면 주장은 인간이 생각하는 과정에서 생기

우리는 살면서 많은 함정을 만나게 될 것이며 그때마다 제대로 판단하여 위기를 잘 넘겨야 해요. 철학은 우리가 생각하고 주장을 가질 수 있도록 도와줘요.

며 경험을 통해 서서히 정립돼요. 여러분은 삶의 중요한 목표가 있나요? 이는 주장을 가지는 전제조건이에요. 성공한 사람들은 모두 자신의 확고한 목표를 가진 사람들이에요. 인생 목표를 가진 사람은 목표에 따라 자신의 모든 행동을 결정해요. 만약 자신의 인생 목표를 실현하는 데 도움이 되는 일이 있다면 주저 없이 할 거예요. 주변을 살펴보면 일을 처리할 때마다 문제가 따라다닌다거나, 무슨 일이든 다른 사람에게 의존하려는 사람들이 있어요. 그들은 확실한 인생의 목표가 없으며 자신이 무엇을 하고 무엇을 생각해야 할지 몰라요.

주장의 중요성은 위기에 닥쳤을 때 나타나요. 어느 날 저녁 어두운 골목길을 지나가는 데 마스크를 뒤집어쓰고 칼을 든 강도를 만났다고 생각해보세요. 이때 두려움에 떨며 큰 소리를 지르며 도망간다면 오히려 강도를 자극해 끔찍한 일을 당할 수 있어요. 하지만 침착하게 가지고 있던 돈을 꺼내주고 나서 그가 사라지기를 기다렸다가 경찰에 신고하면 위기를 벗어날 수 있어요. 누구도 빈손으로 칼을 든 강도를 당할 재주는 없어요. 그렇다면 반항하지 않는 것이야말로 가장 현명한 방법이에요.

살면서 크고 작은 일들을 겪을 때마다 일의 앞뒤를 살피고 얻는 것과 잃는 것이 무엇인지 따지는 일은 매우 중요해요. 주장이 있는 사람과 없는 사람의 차이도 바로 여기에서 생겨요. 인생을 즐길 줄 아는 사람은 중요한 것과 중요하지 않은 것이 무엇인지 알고 포기해야 할 것도 빨리 구분해요. 항상 고민이 많은 사람은 미련이 많아 끝맺음이 정확하지 않고 작은 일에도 전전긍긍하며 조금도 손해 보지 않으려 애써요. 그들은 때로는 손해를 보는 게 행복하다는 인생의 진리를 알지 못해요.

여러분은 주장을 가지고 있나요? 명확한 인생의 목표(의사가 되고 싶다 거나 선생님이 되고 싶다는)를 가지고 있다면 분명 주장을 가지고 있는 거예요. 하지만 앞으로 하고 싶은 일이 무엇인지(독서는 지루하고 일하는 것은 너무 힘들게만 느껴진다면) 알지 못한다면 주장이 없는 거예요. 주장이 없는 사람은 문제가 생겼을 때마다 다른 이의 도움을 바라요. 사실 주장이 필요한 경우가 그렇지 않은 경우보다 훨씬 많아요. 특히 성인이 되면 더 이상 부모님께 의존할 수 없으며 스스로 자신의 일을 결정해야 해요. 이를 위해 우리는 머리를 써서 생각하고 자신의 주장을 가져야 해요.

철학은 우리의 철학 두뇌를 키워줘요. 모든 일 앞에서 우리는 질문을 던져야 해요. 머릿속에서 정리가 제대로 되어 있으면 어떤 일도 자신의 주장대로 행동할 수 있어요. 우리는 살면서 많은 함정을 만나게 될 것이며 그때마다 제대로 판단하여 위기를 잘 넘겨야 해요. 철학은 우리가 생각하고 주장을 가질 수 있도록 도와줄 수 있어요.

철학이란 무엇인가? ————————

청소년 여러분, 철학으로의 초대에 기꺼이 응하여 주심에 깊은 감사를
드립니다.

　우리는 살아가면서 늘 진(眞)·선(善)·미(美)의 진실을 추구하는 한
편 삶과 죽음의 그림자에 휩싸인 삶의 목적에 지나치게 목말라하거나
애달파하기 일쑤입니다. 따라서 이 책은 일상생활 속에서 접하게 되는
삶에 대한 진지하고도 일관성 있는 생활철학을 소개하여 독자들에게
훈훈한 감동과 교훈을 주게 될 것입니다.

　인생이라는 여행길에서 마주치게 되는 "심금을 울려주는 영원불변
의 진리"도 만나게 될 것이며, 또한 삶의 넝쿨마다 주렁주렁 열린 "깨
달음의 열쇠"도 책장의 곳곳에서 발견하게 될 것입니다. 더구나 인류
의 구원을 염원하는 처절한 인간적 몸부림 속에서 피어나는 진솔한 향
기도 만끽하게 될 것이고, 각자의 삶에 주어진 숙명이나 문제점을 하
나하나씩 발가벗겨 신에 대한 예의를 바로잡아 줄 기회도 맛보게 할 것
입니다.

　이 책을 기획한 동기는 수많은 철학자가 남긴 진리와 철학사상을 통

해 "삶의 길찾기"를 위해 몸부림치는 독자들에게 공부 그 이상의 가치가 무엇인가?를 깨닫는 기회를 부여함과 동시에 삶의 영역에서 생각하는 힘이나 방법이 얼마나 소중한가?를 느낄 수 있는 계기가 되었으면 하는 바람에서 시작되었습니다.

철학이라고 하면 누구나 매우 어렵고도 고리타분한 존재로 치부하곤 하지만 철학은 사유의 출발점이자, 시작에 불과합니다. 비록 그것이 일시적으로 우리의 삶에 작은 부담이 될지언정 결코 행복을 앗아가거나 삶의 여정에 거추장스런 혹과 같은 존재가 아님을 확신하는 바입니다.

흔히 학문을 배우는 목적은 〈진리 탐구〉에 있다고 하는데 철학을 형이상학의 최상위 범주에 둠으로써 우리를 "○○주의"니 아니면 "관념", "이념", "궤변" 따위의 노예로 전락시키곤 합니다. 그러나 죠르쥬 깡길렘에 의하면 우리가 철학을 배우고 공부하는 근본적인 목적은 〈반성 (깨달음)〉에 있다고 합니다.

결국 삶의 반추를 통하여 인간의 진정한 행복을 추구하고자 하는 욕망과도 결코 무관하지 않을 것입니다. 다시 말하면 인간은 철학을 통한 반성의 과정을 거쳐야만 비로소 진정한 행복을 누릴 수 있으리라!

우리는 살아가면서 지극히 사소한 순간에도, 아주 중요한 순간에도 수많은 생각과 마주치게 되는데 이러한 과정에서 사유의 방법이나 종류가 곧 생활철학이 되는 것과 마찬가지로 학문을 배우는 과정, 혹은 삶의 갈림길에서 마주치게 되는 것이 철학인 셈입니다.

사람들은 인생의 깨달음을 얻고자 '철학의 바다'로 뛰어든다고 합니다. 우리에게 위대한 성인으로 추앙받고 있는 석가모니, 예수, 모하메드가 그러했고, 공자, 맹자, 순자, 장자, 노자 등도 마찬가지로 깨달음의 경지에로의 족적을 남겨 후세에게 삶의 유용한 지침이나 푯대로 삼게 하였습니다.

한 방울의 물이 모여 바다를 이루듯 철학적 말들이 가슴에 쌓여 지혜가 만들어지기도 합니다. 좋은 책 한 권이 우리의 마음을 촉촉이 적셔준다면 아름다운 글귀 한 구절은 우리의 마음을 따스하게 감싸줄 것입니다.

學而不思卽罔 思而不學卽殆。 -孔子(공자)

공부를 하고 생각지 않으면 깨달음이 없고
생각만하고 공부를 하지 않으면 올바른 길을 찾기 어렵다.